ADAC

Hamburg

von Kay Dohnke

10 ADAC Top Tipps

Das müssen Sie gesehen haben! Die zehn Top Tipps bringen Sie zu den absoluten Highlights.

25 ADAC Empfehlungen

Unterwegs gut beraten: Diese 25 ausgesuchten Empfehlungen machen Ihren Urlaub perfekt.

Preise für ein DZ mit Frühstück:
€ | bis 100 €
€€ | bis 150 €
€€€ | ab 150 €

Preise für ein Hauptgericht:
€ | bis 12 €
€€ | bis 18 €
€€€ | ab 18 €

Seite 20

Intro

Magazin

Seite 30

Blickpunkt-Themen

Unterwegs

Zu diesen Orten und Sehenswürdigkeiten finden Sie Detailkarten im Innenteil des Reiseführers.

Service

Umschlag:

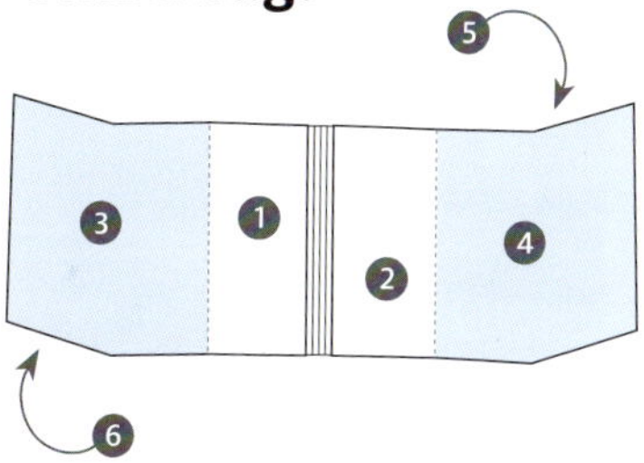

ADAC Top Tipps: Vordere Umschlagklappe, innen 1

ADAC Empfehlungen: Hintere Umschlagklappe, innen 2

Hamburg Innenstadt: Vordere Umschlagklappe, innen 3
Hamburg: Hintere Umschlagklappe, innen 4
Verkehrslinienplan: Hintere Umschlagklappe, außen 5
Ein Tag in Hamburg: Vordere Umschlagklappe, außen 6

Hamburg – die wandelbare Schönheit am Fluss

Tradition und Aufbruch zwischen Elbe und Alster – wie Hamburg sich rapide verändert und sich dabei doch treu bleibt

Maritimes Museum und Elbarkaden: Alt und Neu vereint in der HafenCity

Hamburg, das Hoch im Norden? Nee – Hamburg ist viel mehr: Tutende Schiffe im Hafen. Das Kreischen der Möwen über der Elbe. Ein Bummel durch kleine Läden. Flanieren mit Blick auf die Alsterfontäne. Windgeblähte Segel auf der Außenalster. Erleben von Wildnis mitten in der Großstadt. Wandeln auf den Spuren hanseatischer Geschichte und weltweiten Handels. Bootsfahrten durch Kanäle und innerstädtische Fleete. Und ja, auch Nieselregen, der gern mal horizontal durch die Straßen weht. Und natürlich ganz viel schauen und sich wundern und genießen und erleben. Das ist Hamburg – unverwechselbar und einzigartig dank Elbe und Alster, großer Welt und kleiner Nachbarschaft. Eigentlich ist die Sache mit Hamburg ganz einfach: Denken Sie sich eine blaue Linie und darüber einen großen blauen Punkt – einen richtig großen. Damit haben Sie schon alles, was Sie zum Verständnis der Stadt brauchen: Rechts oberhalb der blauen Linie – pardon, der Elbe – liegen Speicherstadt und HafenCity, und wie an einer Perlenkette folgen nach links stromabwärts erst die Sehenswürdigkeit des Hafens und der Wasserkante, mit schön viel Schiffen und Wellen, dann immer weiter nach Westen raus noble Stadtviertel mit großen schönen Parks. Zwischen der Linie und dem Punkt – der in Wirklichkeit Alster heißt und ungefähr Hamburgs Mitte markiert – liegt die Innenstadt, wo Geschäfte und Geschichte das Bild bestimmen. Links vom Punkt locken St. Pauli, Altona, das Karolinen-, Schanzen- und das Univiertel die Besucher. Und ähnlich wie ein paar Satelliten denken Sie sich nun rings um den blauen Punkt noch Hagenbeck, den Stadtpark und den Friedhof Ohlsdorf hinzu. Zwei Flüsse – die Elbe als Linie und die Alster als Punkt – geben der Stadt ihre Struktur und ihren Besuchern Orientierung.

Stadt im schnellen Wandel

Kennen Sie Hamburg schon? Dann nichts wie hin: Die Stadt erfindet sich nämlich seit einiger Zeit von Grund auf neu. Städtisches Leben erobert ausrangierte Hafenflächen, ganze Quartiere wachsen neu empor, Architekten

Aal und Ananas, Palmen und Pommes – der Fischmarkt bietet einfach alles (unten) – Die »Queen Elizabeth« zum Greifen nah am Baakenhafen (ganz unten)

Hamburg maritim: St. Pauli-Landungsbrücken (oben) – Geräucherte Fischspezialitäten (Mitte) – Freizeit am Elbstrand in Wittenberge (unten)

und Stadtplaner probieren aus, wie sich die Zukunft mit Häusern, Straßen, Plätzen und immer wieder Elbblick auch baulich definieren lässt. Ob HafenCity oder Wilhelmsburg – überall spürt man die Lust am Gestalten, an Entwicklung, an neuen Modellen des Zusammenlebens. Und da ist für jeden ganz sicher etwas dabei.

St. Paulis neues Gesicht

Woran Sie denken, wenn Sie an Hamburg denken? Na klar – an Elbphilharmonie und St. Pauli, an den Hafen und Hagenbeck, an Elbe und Alster, an Kommerz und Kultur. Seit am Fluss die kühne Fantasie der Elbphilharmonie wahr geworden ist und diese Konzerthalle der Extraklasse wie ein blausilberner Zuckerbäckertraum das Stadtbild prägt, haben Hamburgs Kirchen spürbar Konkurrenz bekommen. Bislang prägten sie allein kraft ihrer Türme die sanfte Silhouette – wirkliche Hochhäuser gibt es hier nämlich nicht.

St.Pauli ist ebenfalls kaum wiederzuerkennen – vorbei die Zeit, als es das Sündenbabel des Nordens und Anziehungspunkt für Seeleute aus aller Welt war. Zwei Personen verdeutlichen, wie sich die Reeperbahn und St. Pauli verändert haben: Während Hans Albers Symbolfigur einer nostalgisch aufgeladenen Heimattümelei und Seefahrtsverklärung ist, steht Udo Lindenberg für eine modernere populäre Kultur, die mit Clubs und Bars längst St.-Pauli- und Hamburg-Kultur geworden ist. Natürlich wird auf dem Kiez immer Platz für den blonden Hans sein – Udo Lindenberg dürfte aber der hier sehr stark vertretenen jüngeren Generation weit mehr entsprechen.

Auch die Kultur hat Hamburg neue Koordinaten gegeben: Zu den klassischen Adressen – von Kunsthalle über Schauspielhaus und Oper bis Völkerkundemuseum – sind jede Menge Spielstätten für Musicals, Galerien und kleine Clubs hinzugekommen. Von der Innenstadt bis in die bunten Viertel hinein ist die Szene äußerst lebendig und vielfältig, spannend und attraktiv für alle Besucher der Stadt.

» Dann sagen wir: Elbe!
Und wir meinen: Leben!
Wir meinen: Ich und du.
Wir sagen, brüllen, seufzen:
Elbe – und meinen: Welt! «

Wolfgang Borchert

Als gäbe es nicht allein schon in der Innenstadt mehr als genug zu schauen: Auf engstem Raum haben hier Geschichte und Handel ihre Spuren hinterlassen. Das ursprüngliche Stadtbild mit seiner engen Bebauung ist heute kaum mehr vorstellbar: Der Zahn der Zeit – Feuer, Krieg, Abrisswut – hat

Hamburgs Sehenswürdigkeiten kann man auch im MiniaturWunderland bestaunen

die ursprüngliche Bausubstanz stark dezimiert. Trotzdem konnten einzelne Gebäude, verschwiegene Winkel abseits des großstädtischen Getriebes und ganze Straßenzüge mit historischem Charakter überdauern. Nimmt man die stolzen, noblen Kontorhäuser der Handelsfirmen hinzu, entsteht ein guter Eindruck vom Selbstbewusstsein und Stolz der Reedereien, Konzerne und großen Unternehmen, die bis heute in der Innenstadt, rings um die Alster und am Hafenrand residieren.

Auch andere haben ihre Adresse in der City, am Jungfernstieg und in den edlen Einkaufsstraßen zwischen Mönckebergstraße und Gänsemarkt: die großen Marken dieser Welt. Ob Apple oder Tesla, Gucci, Chanel oder Tiffany – ihre Flagship-Stores definieren hier die internationale Einkaufswelt wie in anderen Metropolen auch. Dazwischen konnten sich ein paar alteingesessene und gediegene Hamburger Händler halten und lohnen die Entdeckung.

Das unkonventionelle Hamburg

Wer es bunter mag, wird weiter draußen fündig: In den Straßen von Altona und Schanzenviertel, St. Pauli, St. Georg und der Uni-Gegend ist so manches kreative Start-up in Form kleiner Läden und Werkstätten zu entdecken, ergänzt um kulinarische Verlockungen in Hülle und Fülle. Ein besonderer Reiz Hamburgs besteht darin, dass man neben dem Vertrauten immer wieder Überraschendes entdecken kann: Unkonventionelle Gastronomie und individuelle Hotels entstehen überall, witzige Objekte und Produkte – häufig handgemacht – werden angeboten.

Das Alstervorland wird in den Sommermonaten zum beliebten Freizeitareal

Längst ist Hamburg mehr als eine Hansestadt; es ist eine multinationale, polyglotte Metropole. Ist unendlich wandelbar, ist Geschichte und Zukunft, Kommerz und Kultur, Arbeit, Büro und Werkstatt. Und an alledem lässt es seine Gäste unmittelbar teilhaben – es sind die großen Sehenswürdigkeiten und die kleinen Momente, die diese Stadt als Ziel so lohnend machen.
Mit einem Wochenende Großstadt ist es an Elbe und Alster nicht getan, auch nicht mit einer Woche. Aber Sie werden nicht zu kurz kommen – eher: wiederkommen. Denn Achtung, Hamburg kann süchtig machen. Mit seinem Möwengekreische und den Elefanten von Hagenbeck, dem Blick vom Turm des Michel und den Hafenbarkassen, den Ozeanriesen und ja, vielleicht auch mit seinem Nieselregen.

Einwohner 1,86 Mio., davon ca. 13 % Ausländer

Fläche 755 km² (größer als Stuttgart und München zusammen)

Bevölkerungsdichte 2464 Einw./km²

Verwaltung Hamburg ist als Stadtstaat ein eigenes Bundesland und gliedert sich in sieben Bezirke und 104 Stadtteile. Die Regierung des Landes ist der Senat, dem der Erste Bürgermeister vorsteht

Tourismus Etwa 6,6 Mio. Gäste bei 13,3 Mio. Übernachtungen pro Jahr

Religion 27 % gehören der evangelischen Kirche an, 10,7 % der römisch-katholischen Kirche

Wichtigste Vokabeln »Da nich für« (gern geschehen), »isso« (ist so), »muscha« (muss ja …)

Stadt des Geldes

In Hamburg leben 42 000 Millionäre und 6 Milliardäre. Der umsatzstärkste Geldautomat Deutschlands steht auf der Reeperbahn und gibt gut 17 Mio. Euro aus – monatlich

Schifffahrt Jährlich laufen rund 8700 Seeschiffe Hamburg an und transportieren ca. 140 Mio. t Fracht

Berühmteste Hamburger

Helmut Schmidt, Angela Merkel, Klaus Störtebeker

Magazin

Hamburg klassisch: Die Speicherstadt mit ihren traditionellen roten Backsteinfassaden macht den hanseatisch-bodenständigen Baustil des 18. und 19. Jh. mit seiner verspielten Ornamentik der Kupferdächer anschaulich erlebbar. Durch Kanäle und Fleete erschlossen, steht der historische Lagerhauskomplex für eine Blütezeit der Hamburger Wirtschaft.

Kaispeicher B

Hamburg maritim: Die Landungsbrücken, steinernes Symbol des Fernwehs unzähliger Auswanderer und Glückssucher, prägen Hamburgs Hafenleben ebenso wie die gigantischen Schwimmdocks der Werften und die himmelwärts gereckten Ausleger der unermüdlich arbeitenden riesigen Ladebrücken auf den Containerterminals am Südufer der Elbe.

GROSSE HAFEN-RUNDFAHRT

Hamburg futuristisch: Das hansestädtische Zukunftsexperiment und Wohnmodell HafenCity mit seiner modernen Architektur, gekrönt vom lichtchangierenden Blau der Glasfassade der Elbphilharmonie– Ausdruck des Aufbruchs der Elbmetropole auf dem Weg zur Stadt von morgen.

Beste Reisezeit Hamburg

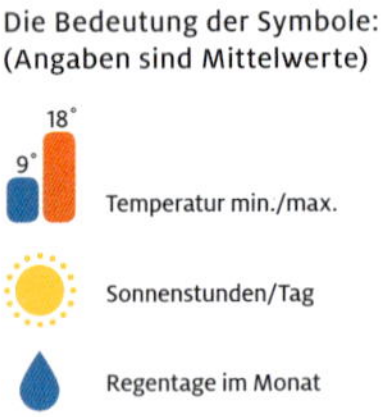

FRÜHLING

Winterblues ade: Beim ersten warmen Sonnenstrahl schaltet Hamburg auf Lebenslust – wer kann, genießt ganz einfach die Stadt, die Natur und das bunte Leben.

Hier ist das Frühlingserwachen weiß, schwimmt und kann nicht wirklich gut fliegen: Sowie die Alsterschwäne aus ihrem menschenbehüteten Winterquartier auf die öffentlichen Gewässer zurückgebracht werden, sind die Hamburger kaum mehr in den Häusern zu halten. Wagemutige setzen draußen auf der Alster Segel, und sobald wieder die Tische und Stühle vor den Restaurants und Lokalen aufgestellt werden, sind sie im Nu rappelvoll. Wer friert, greift zu einer der bereitgelegten Decken. Denn nach den grauen, feuchtkalten Wintermonaten bedeutet schon der erste Sonnenstrahl auf Hamburgisch: Frühling! Leben! Rudern! Segeln! Und das lässt man sich auch nicht wieder von gelegentlich doch arg niedrigen Temperaturen vermiesen.
In den Parks und Gärten, auf Beeten und am Wegesrand scheint das Grün nun regelrecht zu explodieren. Der Frühjahrsdom lädt mit Riesenrad und Feuerwerk zu Kurzweil, während Flohmärkte und Straßenfeste bis weit in den Sommer den klassischen Attraktionen der Hansestadt eine bunte, lebendige Konkurrenz machen.

Schon mit den ersten sanften Frühlingstagen werden an der Außenalster die Segel gehisst

SOMMER

Wenn die Theater Sommerpause machen, geht das Schauspiel im Freien erst richtig los: Hamburg bezaubert mit mediterraner Stimmung – und alle genießen es.

In der warmen Jahreszeit gibt es am Elbstrand von Övelgönne reichlich Platz zum Plantschen

Spätestens wenn das japanische Kirschblütenfeuerwerk Ende Mai die Alster in rosa Licht taucht, ist es wieder so weit: Hamburgs Abende scheinen kein Ende mehr zu haben. Grund dafür ist ein ganz spezielles Nord-Licht: Dank der exponierten Lage wirken die Sommerabende hier fast skandinavisch lang – die Dämmerung scheint im Juni und Juli erst weit nach 21 Uhr einzusetzen, und wenn dann ein lauer Wind über Alster oder Elbe weht und gar noch ein Kreuzfahrtschiff tutet, dauern die Stunden in den Cafés, Lokalen und Beach-Clubs draußen am Strand von Övelgönne oder in den Parks am Elbufer einfach ewig. Die Hamburger schalten nun um auf lässig, und im T-Shirt und mit der cool ins Haar geschobenen Sonnenbrille saust man auf dem Fahrrad oder in der U-Bahn seinem Ziel entgegen – nicht ohne gern noch am Feierabend fix auf ein Glas Bier oder einen Kaffee irgendwo eine Pause einzulegen. Da bleibt kein Tisch leer, kein Stuhl unbesetzt.
Statt auf den Theaterbühnen spielt sich die Kultur jetzt in der gesamten Stadt ab: Mehrtägige Veranstaltungen wie das Duckstein Festival oder das Dockville Festival sowie die Open-Air-Konzerte im Stadtpark locken ihr Publikum an, und wer fit ist, nimmt am Marathon oder Cyclassics-Radrennen teil. Klar, dass es des Öfteren voll wird und die Hotels ihre Preise saisonal anheben.
Doch die stärkste Faszination geht vom Wasser aus. Die Elbe zeigt sich in unendlich vielen Farbtönen von dunkelgrau über blau bis silbrig, und verschwenderisch spendiert der Himmel an typischen Sommertagen der Außenalster einen unerschöpflichen Vorrat an Wolkenpanoramen hoch über den Segeln der unzähligen Boote. Besonderes Highlight: ein abendlicher Dämmertörn mit dem Alsterdampfer zwischen Hamburgs Lichtern auf den Fleeten und Kanälen.

Juni	Juli	Aug.
11° / 20°	13° / 22°	13° / 22°
7	7	7
11	11	10

Warmes Herbstlicht bringt die roten Backsteinfassaden der Speicherstadt zum Leuchten

HERBST

Die Kultur nimmt Fahrt auf, die Herbstfarben locken zu Spaziergängen durch die Parks – und das Leben verlagert sich wieder mehr nach drinnen.

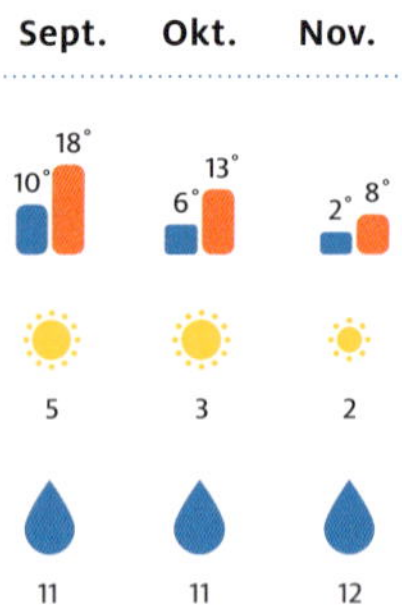

Den Herbst kann man in Hamburg nicht überhören: Wildgänse ziehen – quer über das Stadtgebiet – in langen Formationsreihen laut schnatternd in Richtung ihrer Winterquartiere. Schöne Herbstnachmittage verbringen die Hamburger jetzt gern beim Spazierengehen in den herrlich blätterbunten Parks. Und wenn es abends früher dunkel wird, beginnen wieder die langen Nächte – in einem ganz besonderen Sinn: Zwischen September und November sind im Rahmen des »Lange Nacht«-Konzepts viele Einrichtungen unterschiedlichster Art – Kirchen, wissenschaftliche Institute, Theater, Industriebetriebe, architektonische Denkmäler – an einem bestimmten Tag bis spät in die Nacht geöffnet. Oft eine der seltenen Gelegenheiten, Zutritt zu sonst unzugänglichen Einrichtungen zu bekommen. Und die »Lange Nacht der Clubs« begeistert Tausende, die beim Club-Hopping neue Bands, DJs und Locations, die durch Shuttle-Busse miteinander verbunden sind, kennenlernen wollen.
Überhaupt: Das Nachtleben pulsiert. Hamburgs Bühnen laden zu ambitionierten Programmen, die Museen zeigen hervorragend kuratierte Ausstellungen von internationalem Niveau, Elbphilharmonie und Laeiszhalle präsentieren erstklassige Musik. Bei so viel Abwechslung, kann der Herbst eigentlich gar nicht lang genug sein.

WINTER

Hamburgs Attraktionen sind auch im Winter eine Reise wert. Nur das Wetter ist mal so, mal so – doch meistens besser als gedacht.

Dez.	Jan.	Feb.
0° 5°	-1° 4°	-1° 4°
1	1	2
12	12	9

Nieselregen und sogar Schneematsch: Das Wetter ist gewiss kein Grund für einen Hamburg-Besuch im Winter – aber auch keiner dagegen. Denn die Stadt bietet dieselben hervorragenden Attraktionen wie sonst im Jahr, die Entscheidung für den Ausstellungsbesuch fällt nun sogar leichter als im strahlenden Sommer, und die Warteschlangen sind deutlich kürzer.

Allerdings werden die Hamburger nun dem Klischee gerecht: Sie wirken verschlossen, fast abweisend. Doch das mag vor allem an den kalten Winden und dem horizontal fliegenden Regen liegen – hinter hochgeschlagenem Mantelkragen wünschen sie sich, es möge noch viel, viel kälter werden, damit die Alster zufriert und auf der riesigen Eisfläche wieder das beliebte Wintervergnügen stattfindet. Natürlich gibt es auch andere winterliche Amüsements. Man trifft sich etwa an den Buden der traditionellen Weihnachtsmärkte und Glühweinstände, die ab Dezember vielerorts aufgebaut werden und mit leckeren Düften von Backwerk, Bratwurst und Punsch ihr Publikum locken. Ob nach dem Weihnachts-Shopping mit extra langen Öffnungszeiten, dem Museumsbesuch, nach der Arbeit oder einfach nur so: Bei Eintritt der Dunkelheit bilden sich schnell große Menschentrauben – dann wird der Hamburger richtig gesellig und prostet auch dem Besucher aus der Ferne gern mal zu. Willkommen, kalte Jahreszeit! Und dann heißt es: Ausstellungen und Basare, Läden und Veranstaltungen besuchen, bis die Tage wieder länger werden. Großartig sind auch das Silvesterfeuerwerk über dem Hafen und ein Spaziergang über gefrorenem Sand, wenn auf der Elbe die Eisschollen treiben: Auch das kann ein sehr intensives Hamburg-Erlebnis sein.

Wintervergnügen auf der zugefrorenen Alster

Schlemmen an der Waterkant

Kochen und genießen zwischen hippen Trends, regionaler Ausrichtung und seemännischer Tradition. Wer in Hamburg nur Fischbrötchen oder Bratfisch erwartet, wird von der Vielfalt der Küchen überrascht sein – von konventionell über kreativ bis international.

KREATIVE GASTRONOMIE – HIP UND MOBIL

Büromenschen in Warteschlangen auf den Gehwegen, fantasievoll bemalte Wägelchen, der leckere Duft von Tacos, Burgern oder Bratwürsten – die Chancen stehen gut, gleich auf einen der neuesten Trends in Hamburgs Gastronomie zu stoßen: Wochentags um die Mittagszeit rollen Food-Trucks in Hamburgs Geschäftsviertel und offerieren den kantinenmüden Angestellten eine vielfältige Palette frisch zubereiteter, schneller Mahlzeiten. Genuss mobil aus dem Genuss-Mobil: Aus zu rollenden Küchen umgebauten Liefer- und Imbisswagen heraus werden Pasta und Sandwiches, Steaks und Veganes, Suppen und Torten verkauft – für jeden Geschmack ist etwas dabei, Überraschungen sind garantiert. Und das nicht selten in Bioqualität.

Küchen auf Rädern
Wo kann man welche Food-Trucks erleben? Infos auf www.lunch-karawane.de oder www.foodtrucks-deutschland.de

REGIONALE RÜCKBESINNUNG

Natürlich geht es gehobener und gediegener – aber schwerlich origineller. Obgleich, die Originalität der norddeutschen Küche ist schwer im Kommen. Denn womit kann man sich kulinarisch in einer Stadt profilieren, die nahezu alle Küchen der Welt versammelt? Mit Qualität – und Tradition. Immer mehr Gastronomen bieten erstklassige regionale Küche mit Zutaten aus dem Hamburger Umland, die frisch eingekauft und oft biologisch produziert werden. Nicht selten unter Verzicht auf eine feste Speisekarte – gekocht wird, was morgens frisch verfügbar

Das traditionelle Seemannsgericht Labskaus steht in Hamburg auf fast jeder Speisekarte

Beim Food Truck Festival am Spielbudenplatz stehen die mobilen Street-Food-Verkäufer Stoßstange an Stoßstange

war. Von Spargel bis Kohl wird durch die Jahreszeiten variiert, was im Norden Saison hat. Spannend wird's, wenn die Kreativität der Köche Klassikern wie Scholle und Kartoffelpuffer oder sogar Frikadelle und Labskaus einen mediterranen oder gar asiatischen Touch verleiht.

SEEMÄNNISCHES

Regionale Ausrichtung heißt immer auch: maritim. Doch statt x-beliebigem Seafood sind bodenständige, hervorragend zubereitete Fischgerichte en vogue. Je nach Fangzeit also Scholle, Matjes oder Nordseekrabben. Als vornehmlich Hamburger Spezialität gilt der Stint. Der Meeresfisch zieht ab März zum Laichen elbaufwärts und wird – in Speck gebraten – mit Kartoffelsalat und Apfelmus gereicht. Auf den in seinem Bestand bedrohten Aal verzichten dagegen immer mehr Gastronomen. Erlaubt ist jedoch Aalsuppe, denn da »kümmt von allns wat rin« – also vielfältige Fischreste, nur eben kein Aal.

Ganzjährig beliebt ist Hamburger Pannfisch, ein Tellergericht aus drei Sorten gebratenem oder gegartem Fisch mit Senfsoße und Bratkartoffeln. Die Fischsorten variieren je nach Tagesangebot. Einstmals galt der Pannfisch als »Arme-Leute-Essen«, doch inzwischen führen auch gehobene Restaurants das Gericht auf ihrer Speisekarte. Leckere, frisch zubereitete Fischbrötchen gibt es entlang der Hafenkante in vielen Buden und Imbissen. Besonderer Hit: Bismarck-Hering mit Zwiebeln. Als maritimer Klassiker gehört Labskaus auf jede traditionelle Speisekarte, ein breiartiger Eintopf aus allem, was früher auf Segelschiffen lange haltbar war. Labskaus basiert auf Stampfkartoffeln, vielen Zwiebeln und Pökelfleisch (heute zumeist durch Corned Beef ersetzt). Dazu gibt es gekochte oder gebratene Eier, Rollmops, Rote Bete und Salz- oder Essiggurken.

KONJUNKTUR FÜR RÖSTER UND BRAUER

In Hamburg gehopft
Weil sie vertraglich großen Brauereien verbunden sind, führen viele Kneipen kein Craft-Bier. Hier aber ist es zu finden: www.hopfenhelden.de.

Genießer wissen einen weiteren Trend zu schätzen: In Hamburg starten immer mehr Kaffeeröstereien und Kleinstbrauereien durch. Intensive Aromen dank langsamer Röstung konkurrieren freundschaftlich mit einer schnell wachsenden Palette von Craft-Bier-Sorten, die gegen die Dominanz großer Biermarken ankämpfen und sich bei Kennern etablieren. Und sie helfen dabei, ein Bewusstsein für handwerklich und wertig produzierte Lebensmittel und Getränke zu entwickeln.
Keine Lust auf Experimente? Zwar konventionell, aber lecker essen gehen kann man in Hamburg an fast jeder Ecke. Es gibt viele Italiener und Griechen, Portugiesen und Chinesen, die sich mit ausgefeilter Kochkunst einen zufriedenen Kundenstamm aufgebaut haben. Und dabei ist mehr im Angebot als immer nur Pizza oder Gyros.

Die Speicherstadt Kaffeerösterei punktet mit hochwertigen sortenreinen Kaffees

In aller Munde

Das Franzbrötchen

Vorsicht, klebrig – das ist diese typisch hamburgische Delikatesse in doppeltem Sinn: Oft will sie sich beim Gegessenwerden nicht so recht von den Fingern lösen, und dann – ist man erst mal so richtig auf den Geschmack gekommen – will man sich selbst nicht wieder von der Leckerei lösen. Denn Franzbrötchen können süchtig machen ... zwischen Alster und Elbe gibt es sie fast überall. Man bekommt sie in jeder guten Bäckerei der Hansestadt. Franzbrötchen gehören hier zum festen Kanon der Backwaren wie anderswo die Schrippe, die Wecke oder die Brezel. Bei der Hamburger Delikatesse handelt es sich um ein flaches, goldbraunes, doppelt geschnirkeltes Gebäck aus Hefe-Zimt-Teig, das mit Zucker karamellisiert ist. Bei der Herstellung wird der Teig immer wieder touriert, d.h. durch Unterziehen von Butter entstehen viele dünne Schichten, die einem Blätterteig ähneln.

Süß und klebrig: das Franzbrötchen

Die Form des Franzbrötchens erklärt sich dadurch, dass der Teig zu einer Rolle aufgerollt und anschließend mit einem dünnen Rundholz in der Mitte eingedrückt wird, wobei die Zucker-Zimt-Füllung seitlich aus der Rolle heraustritt. Am verbreitetsten ist diese »gedrehte« Variante, es gibt aber auch eine quadratische – »gedrückte« – Zubereitungsart ohne die Schnirkel, bei der die Ecken des quadratischen Teigs nach innen geschlagen werden. Franzbrötchen schmecken von morgens bis abends und besonders zu einem herzhaften Kaffee.

Die Erfindung des leckeren Teilchens geht höchstwahrscheinlich – der Name ist da verräterisch – auf die französische Besatzungszeit Hamburgs zwischen 1806 und 1814 zurück. Das Franzbrötchen hat es in Hamburg jedenfalls zu großer Beliebtheit und Verbreitung gebracht. Und natürlich hat der echte Franz längst Geschwister bekommen – es gibt Franzbrötchen mit Schokostückchen, Rosinen oder Kürbiskernen, auch Dinkelmehl schleicht sich zuweilen in den Teig. Man findet es ebenso mit Marzipan, Pflaumen, Kirschen und anderem Obst verfeinert. Ein wirklich akzeptables Franzbrötchen herzustellen, gelingt einer Vielzahl von Bäckereien. Die wahre Kunst besteht jedoch darin, es weder zu zuckerig-klebrig noch zu trocken werden zu lassen. Glänzt auf dem Teig eine karamellisierte dicke Schicht und umzieht das Franzbrötchen eine dunkelbraune, hart gebackene Kruste, schmeckt es meistens viel zu süß. Sehr dunkelbrauner Teig signalisiert, dass es viel zu trocken geworden ist. Am besten schmeckt ein Franzbrötchen, wenn sich die vielen Teigschichten locker gehoben haben, aber in den Windungen noch hell schimmern, und Zucker und Zimt geschmacklich ausgewogen präsent sind.

Der Neue Wall ist Hamburgs erste Adresse für internationale Luxus- und Designermarken

In der Wunderwelt der Hamburger Läden

Gibt's nicht gibt's hier nicht. Das zeigt schon ein kurzer Bummel durch Hamburgs klassische Einkaufsstraßen – ob auf den noblen Flaniermeilen der Innenstadt oder in den bunten Vierteln zwischen Schanze und St. Georg.

MARKENWELT OHNE LIMITS

Wer gehobenes Shopping mag, ist in den Einkaufsgalerien zwischen Jungfernstieg und Gänsemarkt, Große Bleichen und Stadthausbrücke richtig, wo exquisite Geschäfte sowie die Stadthöfe, das neueste Shopping-Mekka, mit großen internationalen Marken locken. Schmuck von Tiffany? Eine edle Uhr von TAG Heuer? Oder ein schnittiger Tesla? Alles gleich zum Mitnehmen bereit.

Ein bunteres, eher hamburgisches Flair – und überraschendere Entdeckungen! – verspricht aber ein Einkaufsbummel im Karoviertel oder in Ottensen, in der Schanze oder in St. Georg. Besonders entlang der Marktstraße samt ihren Querstraßen bietet sich eine

Das perfekte Souvenir

Hamburger Troyer (Seemannspullover)

Der Hamburger Troyer ist mit einer Frage erklärt: Hat man jemals Seeleute mit Schals gesehen? Die – hoch oben in der Takelage – mit so einem flatternden Strickdings um den Hals Segel reffen und Taue festmachen? Viel zu riskant, sich damit zu verfangen! Und darum gibt es den Troyer: Der hat einen Rollkragen mit kurzem Reißverschluss und ist als Arbeitspullover der Seeleute vor allem eines, nämlich warm. Bei Wind lässt sich der Kragen – früher und bei nostalgischen Modellen mit Knöpfen, modern mit Zipper – schnell schließen. Flaut die Bö ab und kommt die Sonne heraus, legt sich der geöffnete Rollkragen auf die Schultern.

Den Troyer – abgeleitet von mittelniederdeutsch »troye«, Jacke – gibt es in allen nordischen Seefahrtnationen. Gern wird er auch Norweger- oder Island-Pullover genannt, ist aber in schlichtem Blau gestrickt, der traditionelle jedenfalls. Als modischer Artikel wird er auch in feinerer Wolle und schicken Farben angeboten. Preislich liegt er zwischen 60 und 200 €. Aber nur der Hamburger Troyer ist der richtige: hergestellt in Deutschland, atmungsaktiv gestrickt aus reiner Wolle als mehrfädiges Garn in doppelter Masche und mit Bündchenabschluss am Ärmel – ein Mitbringsel, das bei richtiger Pflege viele Jahre hält. Troyer mit Kunstfaser mögen waschmaschinenstabiler sein, echt oder original sind sie nicht. Und so fürchtet der Troyer nur scharfe Nägel, die Ziehfäden verursachen. Und hungrige Motten – die finden reine Wolle unwiderstehlich lecker. Der Troyer ist also ein echtes Stück Hamburg zum Mitnehmen und ein »Souvenir«, das man zwischen Küste und Gebirge wirklich überall brauchen kann.

breite Auswahl vom schrillen Herrenanzug über die rare Secondhand-Schallplatte oder in echter Handarbeit hergestellte Kleidung bis zu Schmuck, Upcycling-Objekten oder handgenähter witziger Kindermode.

SCHAUEN UND SHOPPEN

Auf der Langen Reihe, der Hauptachse quer durch das Viertel St. Georg, gibt sich die Gay-Szene Hamburgs ein Stelldichein. Entsprechend bunt, unkonventionell und stilvoll sind die Cafés, Geschäfte und Restaurants. Ob Kleidung oder Designobjekt, asiatischer Supermarkt, Papeterie oder schick gestalteter Haushaltsbedarf: Alle Geschäfte bemühen sich unverkennbar um einen individuellen Touch. Das Schauen und kaufen lässt sich perfekt mit Espresso, Americano und leckerem Kuchen oder exotischeren Genüssen in den vielen Restaurants verbinden. Egal, was man dann in den Tüten nach Hause oder ins Hotel trägt: Es bleibt das Gefühl, ein besonders intensives Hamburg-Feeling erlebt zu haben.

Das Areal zwischen Jungfernstieg und Fleetinsel ist ein beliebtes Shopping-quartier

Große Stadt für kleine Leute

Wo sonst gibt es einen so riesigen Hafen, in dem man herumschippern kann, dreimal im Jahr große Kirmes (den Dom), einen tollen Zoo (Hagenbeck's Tierpark), die Alster sowie viele Fleete zum Bootfahren und ein MiniaturWunderland? Sehen, staunen, spielen, basteln, entdecken: Hamburg kann für Kinder ein sehr spannendes Urlaubsziel sein.

Auch aus anderen Städten bekannte Attraktionen wie das Hamburg Dungeon (S. 96) oder das Wachsfigurenkabinett »Panoptikum« (S. 114) haben zwar die Kleinen als zahlungskräftige und leicht zu begeisternde Besucher fest im Blick, sind aber keine typisch hamburgischen Angebote. Wie man jüngere Hamburg-Besucher spielerisch für Geschichte, Kultur und Aktivitäten begeistern kann, zeigen die Museen und Attraktionen mit ihren (leider meist auf Sonntage beschränkten) Programmen für die Kleinen. Ungewöhnlich sind auch die im Sommer oft veranstalteten Figurentheater für Kinder, von denen gewiss ein halbes Dutzend vor allem Klassiker der Kinderliteratur darbietet. Die Vorstellungen sind überall im Stadtgebiet auf Plakaten angekündigt. Und jedes Jahr anders präsentiert sich das städtische Ferienprogramm, an dem während der Sommerferien auch kleine Gäste von auswärts teilnehmen können (www.hamburg.de/kinder/3863036/kinder-ferien).

Paddelausflug mit dem Kanu auf der Außenalster

DAS SCHONT DIE URLAUBSKASSE

Stadturlaub kann teuer werden – und viele Attraktionen bieten maximal einmal monatlich freien oder vergünstigten Eintritt. Da hilft die Hamburg CARD für jeweils einen Erwachsenen und bis zu drei Kinder: Einen bis fünf Tage lang kann man damit kostenlos Busse und Bahnen benutzen und bekommt Rabatte in 150 Einrichtungen in Hamburg und der näheren Umgebung (S. 182). Zusammen mit saisonalen, teils kostenlosen Veranstaltungen wie Open-Air-Kino, Wasserlichtspiele, Ponyreiten oder der Rollschuhbahn lässt sich so ein bezahlbares Hamburg-Paket schnüren (kostenlose Aktivitäten, Rabatte und Veranstaltungen unter www.hamburg.de/kinder).

KÄPT'N KUDDL STICHT IN SEE

Und zwar in seinen Geschichten, jeden Sonntag im Internationalen Maritimen Museum. Gemeinsam mit dem Kater Rubens übersetzt er den Zauber der Seefahrt in die kindliche Erfahrungswelt und erklärt, warum und wie die Menschen seit Jahrtausenden die Weite der Ozeane, Meere, Seen und Flüsse befahren haben. Und das Familienprogramm umfasst auch sehr praktische Komponenten: Wer geschickt ist, kann sich sogar selbst ein Schiffchen bauen (S. 97).

WILLIBALD UND SEINE PFEIFEN

Was tutet denn da so schön, so mächtig und vielstimmig? Da muss man doch glatt den Willibald fragen. Das weltweit einzige Exemplar der Gattung Orgelwurm wohnt in der Kirche St. Michaelis und kann, wen wundert's, die riesige und großartige Orgel genau erklären. Tatsächlich kennt er jede der 6674 Pfeifen persönlich! Und Willibald ist ein großer Fan von Johann Sebastian Bach. Netter kann man Kinder wohl kaum an die Musik des großen Komponisten heranführen – auch nicht mit noch mehr Orgelpfeifen (Englische Planke 1, Anmeldung: Tel. 040/37 67 81 43, www.orgelwurm.de).

DIE GEHEIMNISSE DER SPEICHER

Spannend, spannend – diese Stadt aus tiefroten uralten Speicherhäusern und Lagerböden, engen Gassen und breiten Fleeten. Was wohl alles so an den Kränen dort oben hochgezogen wird? Kleine Boote und Lastwagen bringen geheimnisvolle Kisten, Kästen und Ballen. Wie das alles zusammenhängt und was Quartiersleute hier in den vergangenen 100 Jahren getan haben, erklärt Kalle, der »lütte Quartiersmann«, im Rahmen von tollen Speicherstadt-Entdeckertouren und -Rallyes (www.speicherstadtmuseum.de).

Auge in Auge mit der Queen: Das Wachsfigurenkabinett »Panoptikum« macht's möglich

IN ZEIT, DUNKELHEIT & STILLE

Nicht hören – nur sehen. Nicht sehen – nur tasten. Und mit schweren Beinen treppensteigen und die Welt unscharf und dumpf wahrnehmen? Die außergewöhnlich faszinierenden Erlebnisschauen »Dialog im Stillen«, »Dialog im Dunkeln« und »Dialog mit der Zeit« erschließen ganz neue Erfahrungswelten und machen dadurch den Zauber und Reichtum unserer Sinne und unseres Körpers, aber auch das Altern sehr direkt erfühl- und erfahrbar. Vor allem für ältere Kinder geeignet (S. 97).

SONDERBARES SAMMELSURIUM

Ein Sammler war der alte Harald Rosenberg sein Leben lang. Und wenn Seeleute ihre Mitbringsel aus aller Welt versilbern wollten, kaufte er sie ihnen gern ab. Harrys Hafenbasar auf St. Pauli wurde so zu einem ungewöhnlichen Museum, in dem man so ziemlich alles kaufen konnte – Schrumpfköpfe aus Südamerika inklusive. Eine Stiftung macht diese einzigartige Schau mit mehreren Hunderttausend Objekten nun im Inneren eines Schwimmpontons in 33 Räumen wieder zugänglich – eine tolle Faszination für Groß und Klein (www.hafenbasar.de).

Eine Fundgrube für Seemannsschätze aus aller Welt: Harrys Hafenbasar & Museum

ENTDECKUNGEN AUF UND UNTER DECK

Einfach mal drauflos entdecken? Dann seien Sie willkommen an Bord der Cap San Diego! Mit Informationen vom MP3-Player kann man hier auf eigene Faust das riesige Schiff und alle seine Winkel und Geheimnisse kennenlernen – ohne dass jemand ständig dazwischenquatscht. Das beaufsichtigte Klettern in der Takelage ist älteren Kindern vorbehalten (S. 104).

ÜBERNACHTEN MIT KINDERN

Gut untergebracht sind Familien in fast allen Hamburger Hotels, und es gibt ungewöhnliche Unterkünfte, die Kindern besonders gefallen – vom Motel Hamburg (S. 161) über das Hotelschiff Großer Michel (S. 109)

Das MiniaturWunderland ist ein echtes Mekka für Modelleisenbahnfans

bis zum Lindner Parl-Hotel Hagenbeck (S. 172). Ein Highlight ist das Vier-Sterne-JUFA-Hotel Hamburg HafenCity direkt am Wasser mit Indoor- und Outdoor-Spielbereichen, getrennten Eltern- und Kinderzimmern in den Suiten, Spielzimmer, einem Restaurant mit Kindertellern sowie einem Buggy-Verleih. Das 220-Zimmer-Haus bietet spezielle Family-Packages und liegt an der U-Bahn-Station HafenCity Universität. Mehrere Attraktionen sind fußläufig erreichbar (Versmannstr. 12–14, Tel. 040/794167660, www.jufa.eu/hotel/hamburg).

Leuchtende Augen

MiniaturWunderland

Vielleicht geht es noch kleiner – aber auf keinen Fall feiner: Im MiniaturWunderland in der Speicherstadt lässt sich die ganze Welt erleben. Die weltgrößte Modelleisenbahnanlage fasziniert sowohl mit ihrer schieren Größe als auch ihrer unglaublichen Lebendigkeit. Und dazu tragen neben den über 1000 Zügen auch Hunderte Autos und sogar Flugzeuge und Schiffe bei, die wie von Zauberhand bewegt durch die Straßen fahren, auf dem Airport landen und starten und über die Flüsse schippern. Zehntausende handbemalte Figuren bewohnen die stetig erweiterte Anlage. Wer genau hinschaut, entdeckt überall realistische, ernste und amüsante Szenen. Dass dabei immer wieder Bahnen durchs Bild fahren, gehört natürlich dazu – aber diese Wunderwelt ist noch viel, viel mehr und bringt auch Erwachsene spielend zum Staunen.
Kehrwieder 2, Block D, U3 Baumwall, Tel. 040/30068 00, www.miniatur-wunderland.de, S. 96.

Das »Phantom der Oper« wurde erstmals 1990 im eigens dafür erbauten Theater Neue Flora aufgeführt

Hamburgs Bretter der Welt

Von »Aladdin« über den »König der Löwen« bis »Hinterm Horizont«: Musicals sind eine der größten kulturellen Attraktionen der Hansestadt und begeistern ein Millionenpublikum.

Da wird geliebt und gelitten, gelacht und geweint. Intrige und Komplott, Spiel der Verwechslung in bunten Gewändern, mitreißende Geschichten mitten aus dem Leben oder den unendlichen Weiten der Fantasie. Auf den Brettern von Hamburgs Bühnen werden tagtäglich Szenen aus der reichen Welt der Kunst präsentiert, gesehen mit den Augen des Dichters und dargestellt von hoch qualifizierten Mimen.

Hamburgs Bühnen? Wer jetzt nur an »Othello« im Deutschen Schauspielhaus, »Kabale und Liebe« im Thalia Theater oder »Der kaukasische Kreidekreis« in den Kammerspielen denkt, liegt falsch. Denn während die vielfach preisgekrönten Theater der Hansestadt hochkarätige Schauspielkunst zeigen, ist ein gänzlich neuer Kulturzweig hinzugekommen. Spätestens mit »Cats« und dem »Phantom der Oper« hat das Musical die Herzen der Hamburger (und unzähliger Gäste der Stadt) erobert und ihnen überzeugend nahegebracht, dass die Faszination des darstellenden Spiels keine Genregrenzen kennt. Musicals bereichern das kulturelle Spektrum Hamburgs, das sich nicht mehr nur als Theater-, sondern inzwischen auch als Musical-Stadt einen überregionalen Ruf erworben hat.

MEKKA DES MUSICALS

Mitreißende Handlungen, atemberaubende Shows, eindrucksvoller Gesang, fantasievolle Kostümierung, akrobatischer Tanz, verzaubernde Geschichten: Das ist die Magie des Musicals. Längst gilt Hamburg als eines der führenden Musical-Zentren Europas. Sowohl die klassischen Produktionen von Größen wie Andrew Lloyd Webber als auch neue Stücke – »Der König der Löwen« mit Musik von Elton John und »Tarzan« von Phil Collins – faszinieren ein Millionenpublikum. Allein vom »König der Löwen« war seit der Premiere im Jahr 2001 in Hamburg jede der über 6000 Vorstellungen komplett ausverkauft, die Gesamtbesucherzahl ist mit 13 Mio. längst mehr als sechsmal so groß wie die Einwohnerzahl der Hansestadt. Auch das »Phantom der Oper« feierte jahrelang große Erfolge und kehrte sogar ein zweites Mal an die Elbe zurück.

Die deutsche Produktion von »König der Löwen« feierte 2001 in Hamburg Premiere

Das Schiff zur Show

An Brücke 1 ist der Löwe los. Doch anders als im gleichnamigen Stück der Augsburger Puppenkiste ist er hier zahm – und wasserfest: Eine im Löwendekor bemalte Shuttlefähre transportiert die Musicalbesucher quer durch den Hafen zum hell erleuchteten Theaterzelt am Südufer der Elbe, dem Spielort des »Königs der Löwen«. Eine perfekte Kombination aus Kultur und Sightseeing: In den Sommermonaten kann man während dieser Mini-Hafenrundfahrt das emsige Treiben auf dem Wasser beobachten, und in der dunkleren Jahreszeit faszinieren die Lichter der Stadt. Die Überfahrt ist eine schöne Gelegenheit, Hamburgs Uferpanorama zu bewundern – die maritime Schönheit der Stadt am Wasser zeigt sich nämlich am besten vom südlichen Ufer des Flusses aus.

MUSICALS VERÄNDERN DIE STADT

Als »Cats« die Herzen zu erobern begann, erwarteten viele nur ein kurzes Intermezzo. Doch das Stück hielt sich viele Jahre. Auf der Suche nach einer Spielstätte für das »Phantom der Oper« kam das ehemalige Theater Flora in den Blick. Die Pläne, es abzureißen und ein Musicaltheater an seine Stelle zu setzen, führten zu Protest, Widerstand und Krawall. Das »Phantom« zog schließlich in die »Neue Flora«, die alte wurde zur Roten Flora (S. 119).

Mehr Musicals, mehr Spielstätten: 1994 eröffnete das architektonisch an ein Zelt erinnernde Theater am Hafen, 2014 nahm gleich nebenan das Theater an der Elbe den Betrieb auf. Die Stage Entertainment – Veranstalter aller großen Musicals in der Stadt – bespielt auch das Operettenhaus am Spielbudenplatz. Und in den Hallen des Großmarktes wurde das Mehr! Theater eingerichtet.

VIELFÄLTIGE STILE UND PROGRAMME

Und auch, was man unter Musical verstehen darf, vervielfältigt sich immer mehr. Neben den Klassikern und Stücken, die international die Spielpläne der Musical-Theater bestimmen, erweitert sich das Spektrum. Zu den durchkomponierten Geschichten mit geschlossener Handlung und am klassischen Theater geschulter Dramaturgie treten leichtere Stoffe, etwa die Bühnenbearbeitung von Disney-Themen oder Programme im Stil von Song-Revuen, beispielsweise »Ich war noch niemals in New York« mit den beliebtesten Hits von Udo Jürgens oder »Hinter dem Horizont« vom anderen Udo, nämlich dem Lindenberg.

Leiden und Sehnen, Schmachten, Lieben und Hassen – das alles präsentiert in Gesang und Tanz, in grandios eingängiger Musik und gekonntem Spiel in »Buddy«, »Rocky« und »Das Wunder von Bern«, »Titanic« und »Tarzan«, »Aladdin«, »Mary Poppins« und »Kinky Boots«. Sie alle haben Musical-Freunde an die Elbe gelockt und dafür gesorgt, dass die Musical-Reisen zu einem ganz besonderen Typ des Hamburg-Aufenthalts geworden sind.

Vom Broadway ins Stage Theater Neue Flora: das Musical »Aladdin« um den orientalischen Straßendieb und die magische Öllampe

Der Meister höchstselbst in der multimedialen Erlebniswelt Panik City, die sich dem Leben und Wirken von Udo Lindenberg widmet

IN HAMBURG ONLY

Quasi im Schatten der Großen ist in Hamburg aber auch eine ganz eigene Musical-Kultur und -Tradition entstanden. Das Programm »Heiße Ecke« startete 2003. Neun Darsteller spielen in 50 Rollen die Show über den legendären Kiez-Imbiss Heiße Ecke. In den 15 Jahren Spielzeit wurden bereits 2 Mio. Zuschauer zu diesem Programm begrüßt. Und dieses Musical gibt es weder am Broadway noch in Las Vegas, London oder Paris ...

Kreativer Allrounder mit Hut

Mag sein, dass er einer der bekanntesten Hamburger ist – einer der kreativsten ist Udo Lindenberg allemal. Vom Andrea-Doria-Hit über die Panik-Titanic zum Mädchen aus Ostberlin liefert der Rockmusiker begeisternde und zugleich bewegende Songs. Seit 2011 gibt es den besten Mix in der Musical-Revue »Hinter dem Horizont«, die nach dem Berliner Debüt auch in Hamburg die Herzen eroberte. Das Programm wurde jedoch kein Dauerläufer wie das Opern-Phantom oder der Löwen-König – Udos Werk näher kommen kann man aber in der neuen Panik City, einer vielfältigen Udo-Installation auf dem Spielbudenplatz (S. 113). Hier erschließt sich dem Besucher, dass Lindenberg sich neben der Musik auch mit der Malerei beschäftigt und in der Politik Stellung bezieht.

Den Vorplatz der Zentralbibliothek der Bücherhallen zieren zwei Bronzeskulpturen von Stephan Balkenhol

Hamburg erzählt

Mag sein, dass Hamburger wortkarge Leute sind. Doch wenn sie am Schreibtisch sitzen, können sie furios und spannend erzählen – in ihren Büchern. Ähnlichkeiten der Schauplätze mit der Wirklichkeit sind natürlich kein Zufall.

Willkommen – in hanseatischen Bürgerhäusern und schrägen Spelunken, in stillen Wohngegenden und auf den harten Straßen von St. Pauli. Wer sich von den Schriftstellern an die Hand nehmen lässt, besucht in ihren Büchern nahezu alle Winkel der Stadt. Mal in reiner Fantasie, mal im realitätsnahen Abbild: Die Hamburg-Literatur ist ein facettenreicher Spiegel der Stadt. Hamburg in der Literatur, Literatur in Hamburg: Anfangs nutzten Autorinnen und Autoren die Stadt und ihre Lebenswelt eher als Hintergrundfolie für erbauliche und lehrreiche Geschichten, so etwa die längst vergessene Elise Averdieck um die Mitte des 19. Jh. in ihren pädagogischen Erzählungen für Kinder. Doch schon bald entdeckten erste Literaten das Leben in Hamburg als Erzählstoff und die Stadt als Schauplatz. In der literargeschichtlichen Rückschau ragen nur wenige Titel aus der Masse der in Hamburg angesiedelten Texte hervor. Paul Schureks expressionistische Erzählung »Der Hamburger Brand«, die sich des verheerenden Feuers vom Mai 1842 annimmt – ebenso virtuos auf Plattdeutsch als »De rode Heben« erzählt –, gehört zu den vergessenen Hamburg-Klassikern. Gorch Focks »Finkenwerder Fischergeschichten« erlebten aufgrund der ihnen eingeschriebenen Heimattümelei immer wieder neue Auflagen. Vergessen sind jedoch Romane wie »Konsul Möllers Erben« von Adolph Wittmaack, den man als hansestädtische Version von Manns »Buddenbrooks« verstand. Waren es damals eher Gegenwartstexte, die wir heute als historisch rezipieren, hat der Lauf der Zeit auch viele spätere Titel in das Genre Historische Literatur verschoben. Hier gibt es viel zu entdecken.

»Wenn ich die Möglichkeit hätte, woanders zu leben – und die habe ich –, ich würde immer nach Hamburg zurückkommen.«
Siegfried Lenz

KLASSIKER VON DER ELBE

Die Hamburg-Literatur umfasst aber auch unangefochtene Klassiker. Das frühe Nachkriegs-Hamburg und weniger spektakuläre, doch ebenso eindringlich erzählte Geschehnisse thematisiert Siegfried Lenz, der lange an der Elbe gelebt und gearbeitet hat. Vor allem in »Der Mann im Strom« und später im Erzählungsband »Einstein überquert die Elbe bei Hamburg« blitzen immer wieder kleine Facetten Hamburgs auf, die Lenz als scharfen Beobachter ausweisen, der mit wenigen Strichen stimmungsvolle Bilder entwirft. Und darin ähnelt er Hubert Fichte (1935–1986), der – stilistisch allerdings deutlich anders – in seinen Romanen »Die Palette« (1968), »Detlevs Imitationen ›Grünspan‹« (1971) und »Der kleine Hauptbahnhof oder Lob des Strichs« (posthum 1988) das Leben von Hamburger Außenseitern in den späten 1960er- und 1970er-Jahre dargestellt hat.

Der 2014 verstorbene Schriftsteller Siegfried Lenz im Jahr 2008 auf der Buchmesse in Frankfurt

HISTORIE WIRD LEBENDIG

Historische Einblicke in Hamburgs Arbeiterbewegung und die Unruhen der NS-Zeit liefert der Hamburger Arbeiterschriftsteller Willi Bredel in seinem Roman »Maschinenfabrik N.&K.«, wobei die heutige Kampnagel-Fabrik als Vorbild diente. Faszinierend zeichnet auch Heinz Liepman das Bild der Stadt in »Das Vaterland«: Die Besatzung des titelgebenden Fischkutters, der Hamburg im Jahr 1932 auf Fangfahrt verlassen hatte, kehrt nach der Machtübernahme durch die Nationalsozialisten in eine völlig verwandelte und inzwischen braun gewordene Hansestadt zurück.

Auf eine Zeitreise an Hamburgische Schauplätze haben auch andere Autoren ihre Leser geschickt. Unangefochtener Klassiker ist natürlich Ralph Giordanos großer Roman »Die Bertinis« über das Überleben verfolgter Juden im Versteck. Soweit sie von den Bomben des Sommers 1943 verschont blieben, lassen sich in Barmbek noch einzelne Schauplätze des Buches aufsuchen.

Es verwundert nicht, dass der Zweite Weltkrieg mit seinen für Hamburg so verheerenden Zerstörungen ebenfalls von Schriftstellern aufgegriffen wurde. Bewegend schildert Hans Erich Nossack bereits 1948 in »Der Untergang« die Schrecken des Bombenkriegs in der Hansestadt. Plastisch vorstellbar werden die allerersten Nachkriegsjahre in Cay Rademachers Krimi-Trilogie »Der Trümmermörder«, »Der Schieber« und »Der Fälscher« um den Oberinspektor Frank Stave (2011–2013).

HANSEN UND BISHOP, WEBER UND TADEKA

Womit wir beim Krimi wären, der aktuell lebendigsten Sparte der Hamburg-Literatur. Lesend nacherleben lässt sich das St. Pauli der Jahre 1903 bis 1943 in Virginia Doyles Krimi-Trilogie »Die rote Katze«, »Der gestreifte Affe« und »Die schwarze Schlange« um den Kommissar Heinrich Hansen. Erfolgreich ist Boris Meyn mit seinen Krimis aus der hansischen Vergangenheit. »Der Tote im Fleet« thematisiert den Hamburger Brand, »Die rote Stadt« beschwört bild- und actionreich die Entstehung der Speicherstadt herauf. Um Stoffe aus verschiedenen

Mancher frühe Hamburg-Literat lässt sich heute nur noch antiquarisch erwerben

Epochen nutzen zu können, schickt Meyn gleich mehrere Generationen der Familie Bischop auf Verbrecherjagd. »Der blaue Tod« spielt zu Zeiten der Cholera, »Der eiserne Wal« erzählt vom Hafenausbau.
Krimi geht immer. Dieser Erkenntnis verdanken wir Leser viele Titel und mehrere Buchserien, die sich mit gekonnt gebauten Plots und Spannungsbögen, schön geschriebenen Schilderungen und Dialogen für die Einstimmung auf einen Besuch an Elbe und Alster empfehlen. Bunter, ausgefallener, fantasievoller geht's kaum: Mit verfremdeter Perspektive erzählt Henrik Siebold von seinem Inspektor Kenjiro Takeda aus Tokio, der in Hamburg ermittelt. Klaus Spieldenner nutzt den Dom und die Elbphilharmonie als Schauplätze, Anette Hinrichs lässt die Kommissarin Malin Brodersen in Hamburgs Straßen ermitteln, Simone Buchholz schickt Chas Riley auf erzählerische Verbrecherjagd, Craig Russell hat die spannende Jan-Fabel-Serie kreiert, und Christiane Fux macht den Bestatter Theo Matthies aus Wilhelmsburg zur Hauptfigur ihrer Krimis. Na, das dürfte ja als Urlaubslektüre gleich für ein ganzes Dutzend Hamburg-Aufenthalte reichen ...

Die Bronzeskulptur des Heinrich-Heine-Denkmals auf dem Rathausmarkt schuf Waldemar Otto als Mahnmal für die Bücherverbrennung von 1933

Heinrich Heine und Hamburg

Die doppelt enttäuschte Liebe

Auf dem Weg zu einer lukrativen Profession sollte er hier an der Elbe erste Schritte tun, und so kam der 19-jährige Heinrich 1816 zu seinem erfolgreichen Onkel Salomon an die Elbe. Der war ein sehr erfolgreicher Banker – nur leider funkte es nicht zwischen dem Neffen und dem Onkel. Den einen machten die Zahlen selig, den anderen die Verse. Und da der junge Bursche sich unglücklich in seine Cousine Amalie verliebte, sprudelten die Verse nur so aus ihm heraus. So quälte sich der junge Dichter, schalt das ungeliebte Hamburg ein »verludertes Kaufmannsnest«, überhaupt sei die Stadt »am Tage eine große Rechenstube und in der Nacht ein großes Bordell«. Und so kehrte er der Stadt der Pfeffersäcke schon 1819 den Rücken und warf sich endgültig der Dichtkunst an die Brust. Doch Hamburg behielt für Heine dauerhafte Bedeutung: Hier wurden seine frühesten Verse gedruckt, und einige der an der Elbe entstandenen Reime finden sich im »Buch der Lieder« von 1827 wieder.

Am Buchardkai im Waltershofer Hafen werden die riesigen Containerfrachter wie am Fließband abgefertigt

Herz und Seele der Hansestadt

Hamburg und sein Hafen: Wer die Stadt intensiv erleben will, muss raus aufs Wasser – dort gehen Natur und Technik eine ganz besondere Verbindung ein. Und man kann sie auf vielerlei Weise erleben.

MIT DICKEN PÖTTEN AUF DU UND DU

Zuerst natürlich das Grandiose: Riesige Wände aus Stahl erheben sich himmelhoch, viele zehntausend PS starke Motoren dröhnen, gigantische Ketten und Trossen halten die Kolosse der Meere an den Kaimauern fest. Bis zu 400 m lange Ozeanriesen hautnah – das erlebt man auf jeder Hafenrundfahrt, wenn die Barkassenkapitäne ihre Bötchen in Armeslänge an den mächtigen Containerschiffen, Stückgutfrachtern und Kreuzfahrtschiffen vorbeimanövrieren. 20 000 Container auf dem Buckel geschultert, raus seewärts zum offenen Meer: Das ist die ganz große Seefahrt.

Hamburg als Großstadt und Wirtschaftsstandort in seiner heutigen Form wäre ohne den Hafen undenkbar. Ebenso der Hafen ohne die vielen kleinen Schiffe: Sie fungieren als Lastenträger, und Feederschiffe transportieren die Container der großen Carrier zu ihren Zielen nah und fern. Barkassen bringen Hafenarbeiter zu ihrer Schicht, Sportboote kreuzen die Fahrrinne, und mit etwas Glück kann man sogar den einzigen verbliebenen Hafenfischer bei seiner Arbeit beobachten. Was Olaf Jensen gleich neben Schüttgutfrachtern und riesigen Autofähren aus seinen Reusen und Stellnetzen zieht,

Gute Spots fürs Ship-Spotting

Schiffe gucken kann man hervorragend vom Altonaer Balkon, vom Park Fiction und den Beach Clubs an der Hafenstraße, der Treppe hinauf zum Hotel Hamburg und vom Stintfang oberhalb der Bahnstation Landungsbrücken.

lässt Kennern das Wasser im Munde zusammenlaufen: Stint oder Zander gelten als wahre Delikatessen.
Unten die Seeleute, oben die Seh-Leute: Nicht jeder fühlt sich bei einer Hafenrundfahrt auf schwankenden Barkassenplanken im kabbeligen Hafenwasser wohl. Doch von Schiffen kann man sich auch an Land faszinieren lassen: Wie sie aus China, Afrika oder Südamerika erst um die halbe Welt und dann die Elbe heraufkommen. Ship-Spotting heißt das Zauberwort, und von vielen höher gelegenen Punkten kann man von festem Boden aus zuschauen, wie winzige Schlepper die Containerriesen bugsieren, drehen und an die Kais der Terminals ziehen, wo dann die Containerkräne die Stahlkisten aus den Schiffsbäuchen hieven und die Van-Carrier wie riesige Insekten die eckige Last zwischen ihre Greifer nehmen und in langen Reihen aufstapeln.

Was fährt denn da?

Aktuelle Infos zu den Hamburg anlaufenden oder bereits im Hafen liegenden Schiffen findet man auf www.hafen-hamburg.de/de/schiffe und www.hamburg.de/schiffsradar.

SCHWIMMENDE GESCHICHTE

Sanfter, ja fast etwas betulich tritt der Hafen in Gestalt der historischen Schiffe in Erscheinung. Sowohl in der HafenCity als auch in Övelgönne liegen die alten Recken vor Anker und legen Zeugnis von längst vergangenen Tagen ab. Ob alter Schlepper, Dampfeisbrecher oder Fischerewer: Hier wird anschaulich, dass Seefahrt und Hafenarbeit immer auch ein Wagnis gewesen sind. Und wer es etwas größer mag: Die »Cap San Diego«, die »Rickmer Rickmers« und bald auch die »Peking« vermitteln vielfältige Eindrücke davon, was es in verschiedenen Epochen bedeutete, mit großer Fracht die Weltmeere zu befahren. Aber es sind beileibe nicht nur die Schiffsnamen, die von der großen weiten Welt künden. Das kann der Hafen mit seinen Kais und Buchten ganz allein. Afrikahöft, Windhukkai, Athabaskahöft: Das ist in Wörter gegossenes pures Fernweh.

Die 1961 vom Stapel gelaufene »Cap San Diego« an der Überseebrücke dient heute als Museumsschiff

Hafengeburtstag – Fest am Flussufer

Am ersten Maiwochenende wird die Verleihung der Hafenrechte an Hamburg gefeiert – mit Buden und Ständen entlang des Hafens, Schiffsparaden, Konzerten und einem Feuerwerk.

Blauer Himmel, weiße Wolken. Weiße Segel, blaues Wasser – und dazwischen ab und an pechschwarze Rauchfahnen von Dampfbooten und rostbraune Segel. Fast könnte man sich bei dieser Flotte ungewöhnlicher, historischer und skurriler Wasserfahrzeuge in ein Hamburger Elbpanorama der vorletzten Jahrhundertwende versetzt fühlen, würden da nicht im Hintergrund die Containerriesen, Kreuzfahrtschiffe und gewaltigen Kräne überdeutlich Anspruch auf das 21. Jh. anmelden.

MAGNET FÜR MENSCHEN UND SCHIFFE

Zum Träumen ist er trotzdem: der Hafengeburtstag. Jährlich am ersten Maiwochenende feiert Hamburg seinen Hafen und damit sich selbst. Am 7. Mai 1189 verlieh Kaiser Friedrich I. dem noch winzigen Hamburg Handels- und Stadtprivilegien, und auch wenn sich die überlieferte Urkunde als Fälschung erwiesen hat: Hamburg begeht diesen für die Stadtgeschichte so wichtigen historischen Akt jedes Jahr mit einem überbordenden maritimen und kulturellen Programm.

Willkommen auf dem größten Hafenfest der Welt! Hier gibt es schier unendlich viel zu sehen und zu erleben, auszuprobieren und kennenzulernen. Der Hafengeburtstag ist ein Fest für alle Sinne. Nicht nur Schiffsfreunde staunen bei der Einlaufparade über die Vielfalt der Wasserfahrzeuge, die Hamburg die Ehre geben. Auch viele Kreuzfahrer lassen es sich nicht nehmen, zum Fest die Stadt anzulaufen und zur großartigen Kulisse beizutragen. Staunen lässt das Schlepperballett, bei dem die kraftstrotzenden Zugmaschinen behände auf den Wellen tanzen. Und das abendliche Feuerwerk lässt so manches Lichtspektakel an Silvester vergleichsweise blass erscheinen.

Der Hamburger Hafengeburtstag ist das größte Hafenfest der Welt

Das Wasserprogramm auf der Elbe vor den Landungsbrücken ist ein Kernstück des Hafengeburtstags

FEIERN ZU LANDE UND ZU WASSER

Entlang des Hafenrandes zwischen Baumwall und Landungsbrücken sowie am Traditionsschiffshafen der HafenCity, am Altonaer Fischmarkt und am Museumshafen Övelgönne entsteht die bunte Hafenmeile mit vielen Buden, Ständen und Bühnen. Hier gibt es drei Tage lang von 10 bis 24 Uhr Leckereien und Köstlichkeiten aus aller Welt, Souvenirs und Maritimes sowie eine Vielzahl an Konzerten von Pop über Rock bis Jazz. Wer ein besonderes Herz für alte Schiffe hat, kann sogar eine Mitfahrt auf den historischen Wasserfahrzeugen ergattern. Wer nur die Paraden miterleben will, sollte sich einen erhöhten Standort wie den Altonaer Balkon suchen, allerdings wird es dort immer sehr voll. Viel beobachten mit wenig Trubel ist auch entlang der Parks am nördlichen Elbufer zwischen Heinepark und Teufelsbrück möglich.

Frühzeitig buchen!

Der Hafengeburtstag ist das beliebteste Event der Stadt, Hotelzimmer sollten sehr frühzeitig gebucht werden. Generell sind Unterkünfte, Bratwurst & Bier sowie Souvenirs etc. während des Festes höherpreisiger als sonst. Infos zum Programm: www.hamburg.de/hafengeburtstag.
Wer Hamburgs großes Fest verpasst, kann auch beim alle zwei Jahre im Herbst veranstalteten ElbFest eine intensive maritime Stimmung, historische Schiffe (Mitfahrt möglich, frühzeitig buchen!) und ein buntes kulturelles Programm erleben (www.elbe-und-meer.de).

Groß geworden an Alster und Elbe

Die beiden Flüsse haben die wachsende Stadt stets gut gewässert. Dazu kamen viel Unternehmer- und Händlergeist und der Zugang zur großen weiten Welt – fertig war das Rezept, das Hamburg florieren ließ.

WASSER UND HAFEN PRÄGEN DIE STADT

1,7 Mio. Hamburger und die vielen Gäste der Stadt können jener Gruppe Menschen dankbar sein, die sich vor mindestens 1200 Jahren an einem der kleinen Alsterarme niederließ: Ohne sie gäbe es kein Hamburg. Schon damals kreuzten Verkehrswege den Fluss, da lag im Jahr 810 der Bau der Hammaburg nahe. Die Siedlung wuchs zum Städtchen, dem Kaiser Friedrich I. 1189 Handels- und Stadtprivilegien verlieh. Hamburgs Geschichte im Zeitraffer: Dank seiner verkehrsgünstigen Lage an Alster und Elbe, und dank des Geschicks der Kaufleute wuchs die Stadt. Im Hanse-Verbund ab 1241 und nach Niederschlagung der Seeräuberei unter Claus Störtebeker 1401 etablierte Hamburg seine Handelsbeziehungen mit Nordeuropa und wurde dank seiner Börse (ab 1558) zur Handelsmetropole. Die ab 1611 gewährte Glaubens- und Gewerbefreiheit gab dem merkantilen Hamburg einen dauerhaften Schub.

Der Börsenplatz ist seit 1266 als »Platz der Geldwechsler« bekannt.

Nördlich der Elbphilharmonie zweigt der Binnenhafen vom Hauptstrom der Elbe ab

Die Pest von 1712, die Besatzung durch napoleonische Truppen 1806 bis 1814 und der große Brand von 1842 warfen die Stadt immer wieder zurück, doch sie ging stets gestärkt aus Kriegen, Krisen und Katastrophen hervor. Auch die Cholera von 1892 gab Hamburg im Nachhinein einen wichtigen Entwicklungsschub hin zu einer modernen Großstadt, deren wichtigstes Standbein der Hafen wurde. Die Nationalsozialisten schlugen 1937 das noch eigenständige Altona, Harburg und Wilhelmsburg dem neuen Groß-Hamburg zu, 1943 legten schwere Bombardements der Alliierten weite Teile der Metropole in Trümmer. Den Wiederaufbau erlebte die Stadt ab 1949 als selbstständiges Bundesland der jungen Republik, dank Wirtschaftswunder florierte der Hafen als Warenumschlagplatz mit weltweiter Bedeutung. Hamburg ist eine wichtige Handelsmetropole, der Standort großer Medienkonzerne und beherbergt bedeutende Unternehmen aller Wirtschaftszweige. Die 315 Sturmflut-Toten vom Februar 1962 machten der Stadt zwar noch einmal ihre Verwundbarkeit bewusst, aber sie setzte ihren Wachstumskurs kontinuierlich fort und versteht sich – dank Elbphilharmonie, HafenCity und zahlreichen Arbeitsplätzen attraktiver denn je – auch künftig als prosperierende Stadt.

Rettungsmaßnahmen während der Hamburger Sturmflut des Jahres 1962

1401: KLAUS STÖRTEBEKERS KOPF ROLLT

Wenn jener 20. Oktober 1401 hamburg-typisch herbstlich trübe gewesen sein sollte, gab er den perfekten Rahmen für die entscheidende – und letzte – Stunde im Leben eines stolzen Mannes. Der ging hier auf dem Grasbrook zügig, die unüberschaubare Menge an Gaffern und Sensationslustigen nicht beachtend, zum Schafott, und mit ihm gut 70 seiner Mannen. Mit der Hinrichtung des Piraten Klaus Störtebeker endete die Geschichte der Likedeeler: Als Hilfskräfte waren die Freibeuter auf Nord- und Ostsee willkommene Gehilfen der zerstrittenen Mächte in unruhigen Zeiten, doch der Friedensschluss zwischen Schweden, Dänemark und

30. Okt. 1525
Auf dem Grasbrook wird Claus Kniphoff als letzter Nordseepirat hingerichtet.

den norddeutschen Verbündeten der Hanse eröffnete die Jagd auf die Piraten. Draußen auf der Nordsee wurde Störtebekers Schiff gekapert. Das Todesurteil der Hamburger Richter gegen ihn, Gödecke Michels und die Crew gilt als Zäsur: Die Hanse erstarkte, Hamburg festigte seine Position im nordischen Seehandel, und die Menge jubelte, als Störtebekers Kopf rollte.

In der frühen Neuzeit gab es in Hamburg eigene Münzen: Man zahlte mit Blafferten, Dreilingen, Witten oder Sechslingen.

1558: DIE KAUFLEUTE ORGANISIEREN SICH

Hafen und Handel: Für diese beiden für Hamburg wesenhaften Elemente brach mit dem Jahr 1558 am Nikolaifleet eine wunderbare Zukunft an, als der Senat den Kaufleuten direkt am alten Alsterhafen einen eingefriedeten Platz als Börse zur Verfügung stellte. Rasch entwickelte sie sich zum Treffpunkt der heimischen und durchreisenden Händler. Anfangs schleppte man die Waren noch hierher und bediente sich der rasch eingerichteten öffentlichen Waage. Doch bald schon reichte allein die Anwesenheit der Geschäftsleute, um einen sicheren und verbürgten Austausch zu pflegen. Die Güter konnten auch anderswo gestapelt werden, was besonders dem Fernhandel Auftrieb verschaffte.

Auf dem Grasbrook in der Speicherstadt errichteten die Hamburger Klaus Störtebeker ein Denkmal

Schon 1583 bezog man ein festes Haus, und erst die alles verschlingenden Flammen des Großen Brandes verwandelten dieses ehrbare Börsengebäude 1842 in Asche. Was dem Handelsgeschick der Hanseaten keinen Abbruch tat: Der bereits 1839 begonnene Neubau konnte gerettet werden, und bis heute – mithin mehr als 500 Jahre – wacht der Zusammenschluss hanseatischer Kaufleute als »Versammlung eines Ehrbaren Kaufmanns« über die Verlässlichkeit internationaler Geschäfte und damit über die Glaubwürdigkeit der Händler an der Elbe.

1892: DIE CHOLERA WÜTET IN HAMBURG

Als Dr. Hugo Simon am heißen 14. August 1892 zu einem Patienten gerufen wird, ahnt er noch nicht, was der Hansestadt bevorsteht. Der Kanalarbeiter Sahling liegt mit Brechdurchfall danieder, trotz Überweisung

ins Krankenhaus stirbt der Mann noch am selben Tag. Er ist das erste Opfer einer Epidemie: Rapide greift die Cholera um sich, die Zahl der Toten steigt und steigt! Um den Ruf der Stadt und das rege Wirtschaftstreiben nicht zu gefährden, verheimlicht der Senat zunächst den Ausbruch der Infektionskrankheit. So wütet die Cholera weiter in den erbärmlichen Wohnvierteln am Hafen, und weiterhin fließt infiziertes Elbwasser ungefiltert aus den Hähnen und in durstige Kehlen.

Diese Illustration aus dem Jahr 1892 zeigt den Abtransport von Cholerakranken aus der Niedenstraße

Zehn Wochen lang fordert die Cholera einen grausamen Tribut, 16 569 Menschen erkranken, 8605 Tote sind zu beklagen. Ein vermeidbares Elend: Hamburg hatte es sträflich versäumt, eine moderne Wasserversorgung aufzubauen. Das holt man nun schnell nach, und im Rahmen eines Sanierungsplans beginnt der Abriss der vielen schmuddeligen Gängeviertel mit ihren menschenunwürdigen Behausungen. So hat die Cholera letztlich der Stadt ein anderes Gesicht gegeben.

24. Aug. 1892
Der Bakteriologe Robert Koch identifiziert die Epidemie eindeutig als Cholera.

Am Puls der Zeit

HafenCity: Experimentierfeld für die Zukunft

Was in London Docklands heißt, ist in Hamburg die HafenCity: Auf von der Hafenwirtschaft aufgegebenen Brachflächen wächst seit 1997 ein exklusives Wohnquartier, in dem zahlreiche architektonische Experimente und Nachhaltigkeitskonzepte – etwa im Unilever-Haus (S. 91) – umgesetzt werden. Die alten Hafenbecken strukturieren den neuen Stadtteil und erhalten das maritime Flair. Anfangs lief die Entwicklung schleppend, doch nach Fertigstellung der Elbphilharmonie (S. 98) eröffnen nun immer mehr Geschäfte und Restaurants. Viele touristische Attraktionen sowie ein großes Einkaufszentrum im südlichen Überseeviertel sind im Entstehen. Die HafenCity gilt als Hamburgs Experimentierfeld, u. a. für neue Formen der Mobilität, elektrisches und autonomes Fahren.

Die Rückseite der Häuser an der Deichstraße – gesehen von der Hohen Brücke aus

Deichstraße 44: Wo der Große Brand des Jahres 1842 begann

Aufstieg und Niedergang, Wachstum und Katastrophen gibt es in der Geschichte fast jeder Stadt. Doch kein Ereignis hat Hamburg in wenigen Stunden so nachhaltig verändert wie das Feuer von 1842.

Friedlich liegt sie heute da, die enge Deichstraße mit ihren historischen Handelshäusern. Und ebenso friedlich mag sie dagelegen haben in jener Nacht im Frühjahr 1842 – bis in der ersten Morgenstunde des 5. Mai ein Nachtwächter aufschreckte: Dichter Rauch quoll aus dem Haus Nr. 44, das Tabaklager brannte lichterloh! Sofort blies er auf seinem Horn Alarm, und rasch kamen Männer, um zu löschen – vergebens: Rasend schnell fraß sich der Brand durch die benachbarten Lagerhäuser, ein Funkenregen sprang über die enge Straße auf das Haus Deichstraße 25 über, heftiger Wind schob die rapide wachsende Feuerwalze von dort weiter nach Nordosten. Schnell glich die Altstadt einem Flammenmeer.

TROCKENHEIT UND NIEDRIGWASSER

Drei Elemente trafen in unglücklicher Verbindung in jener Katastrophennacht, die Hamburg ins Inferno stürzte, aufeinander: Nach anhaltender Trockenheit waren die Balken der Fachwerkhäuser zundertrocken und leicht entflammbar. Die Fleete führten kaum Wasser, mit dem man hätte löschen können. Und die Geschäftstüchtigkeit der Kaufleute hier in der Altstadt gab der beginnenden Katastrophe auf unerwartete Weise Nahrung:

Auf den reich gefüllten Lagerböden der Handelshäuser und Speicher wirkten die Flachsballen und Talgfässer, Wollbündel und Alkoholfässer wie Brandbeschleuniger. Trotz intensivstem Einsatz, trotz rasch herbeigezogener Hilfe aus Nachbarorten konnte Hamburgs Feuerwehr kaum etwas gegen den Großbrand ausrichten. Wo am 5. Mai um 12 Uhr in der Nikolaikirche noch die Andacht abgehalten wurde, zerstörte die infernalische Hitze um 17 Uhr das Gotteshaus, ließ das Kupferdach schmelzen und den Turm einstürzen. Eng standen die Altstadthäuser, mühelos sprangen die Flammen von Haus zu Haus. Am 6. Mai gaben die Senatoren schließlich Befehl, das alte Rathaus an der Trostbrücke zu sprengen, um mit einer Feuerschneise den Brand zu stoppen. Doch zu spät: Erst nach über 80 Stunden konnten weit entfernt am heutigen Ballindamm die letzten Flammen erstickt werden – die Straße heißt heute Brandsende.

Der Hamburger Brand – literarisch verarbeitet
Elise Averdieck, »Roland und Elisabeth« (1851), Carl Reinhardt, »Der fünfte May« (1866), Paul Schurek, »Der Hamburger Brand« (1922), Edgar Maass, »Das große Feuer« (1939).

STOLZE STADT IN TRÜMMERN

Die Bilanz war schrecklich: 51 Menschen tot, 20 000 Hamburger obdachlos, 41 Straßenzüge verwüstet, über 1500 Gebäude zerstört, die Kirchen St. Nikolai, St. Petri und die Gertrudkirche in Ruinen verwandelt. Nur die Neue Börse konnte von furchtlosen Männern gerettet werden – ein Symbol für den sofort einsetzenden Wiederaufbau der Stadt, bei dem anstelle der engen Altstadtgassen bis heute prägende Straßen und Plätze zwischen Rathausmarkt und Jungfernstieg entstanden. Heute zeugen die vom Feuer verschonten Kaufmannshäuser der Deichstraße – besonders die Gebäude Nr. 21, 23 und 25 – mit den großen Ladeluken und dem Kran im First von längst vergangenem Händlerfleiß und Wohlstand. Viele Gebäude, die das Feuer überstanden hatten, wurden 100 Jahre später von Bomben zerstört oder fielen der Abrisswut der 1960er-Jahre zum Opfer.

Ein typischer Fleet in der Nähe der Nikolaikirche in den 1930er-Jahren

Lange Dielen

In den Gaststuben der Restaurants Zum Brandanfang (Deichstr. 25), Deichgraf (Deichstr. 23) und Kartoffelkeller (Deichstr. 21) kann man die für damalige Handelshäuser typischen, längs durch die historischen Lagerhäuser und Speicher reichenden Dielen erleben.

Wassertaxi und Packesel: die Hafenbarkasse

»Alle Mann an Bord, wir legen ab!« Diese Aufforderung – weibliche Fahrgäste mögen sich ebenso angesprochen fühlen – ist die Einladung, nicht nur den Hamburger Hafen, sondern zugleich auch ein schwimmendes Unikat kennenzulernen.

Die Hafenbarkasse war einst für das Funktionieren des Hafens fast unentbehrlich, galt als universell einsetzbarer Lastesel und ist heute das perfekte Vehikel für Hafenrundfahrten. Während der Barkassenführer die Passagiere auf der instruktiven Tour mit lustigen Döntjes und oft unnützem Wissen über das wichtigste Standbein der Hamburger Wirtschaft unterhält, wird schnell spürbar, warum die Barkasse als Schiffstyp einst unverzichtbar war. Flink manövriert das Boot zwischen Kaimauern und großen Schiffen hindurch und gelangt schnell in alle Winkel der ausgedehnten und verschachtelten Hafenanlagen. Dabei liegt es sicher im Wasser. Und schnell versteht man, warum die Dinger so flach sind – problemlos können sie auch bei Flut unter den vielen Klappbrücken hindurchgleiten.

HEUTE FAST WIE DAMALS

Es braucht nicht viel Fantasie, und die Hafenrundfahrt wird zu einer Zeitreise. Einst dampften ganze Flotten der kleinen Boote durch die Hafenbecken und brachten tagtäglich Tausende Männer an ihre Einsatzorte auf Werften und Kaianlagen. Sie transportierten leichte Frachten – meist Stückgut – und sicherten die Versorgung der Schiffe mit allen nötigen Dingen für die nächste große Ausfahrt, von der Verpflegung bis zur Ausrüstung. Im Hafen herrschte ein kaum überschaubares Gewusel von Barkassen. Der Kapitän

Start- und Endpunkt zahlreicher Hafenrundfahrten: die Landungsbrücken in St. Pauli

Die schwimmenden Pontons der Landungsbrücken sind über zehn bewegliche Stege zugänglich

stand vorn im offenen Steuerstand, nicht selten als Ein-Mann-Besatzung, im offenen Schiffskörper lag die Fracht. Die Passagiere saßen in der Regel im Freien – ohne zu murren. Die meisten waren bei Regen und Schnee ja auch am Arbeitsplatz Wind und Wetter ausgesetzt.
Doch Containerschifffahrt und Technisierung der Werften führten zu einem starken Rückgang der Arbeiterschaft im Hafen, die Barkasse als Zubringerboot und Wassertaxi wurde nicht mehr gebraucht. Für Hafenrundfahrten ist sie jedoch nach wie vor das ideale Vehikel. Heute dampfen die wenigen noch verbliebenen Barkassen nicht mehr – längst tuckert als Antrieb ein einfacher Dieselmotor. Im Rahmen der Umweltinitiative Greenport werden sie möglicherweise bald auf Erdgas- oder Elektroantrieb umgerüstet.

BEI SCHÖNEM WETTER ECHTES HAFEN-FEELING

Noch immer gibt es Barkassen, die Hafenarbeiter zu ihren Arbeitsplätzen auf den Werften und den Kais bringen – sie verkehren allerdings quasi im privaten Linienverkehr. Das echte Barkassen-Feeling lässt sich aber bei jeder Hafenrundfahrt erleben. Wer zu Seekrankheit neigt, sollte eine Barkassenfahrt nur bei sehr ruhigem Wetter antreten. Die beste Position ist in der Mitte des Schiffes, da schaukelt es am wenigsten. Wenn sich der Magen meldet: immer auf die feste Linie des Landes schauen, nicht ins Wasser. Es gibt sogar Hochseekapitäne und Profifischer, denen bei jeder Fahrt speiübel wird.

Hafenrundfahrten

Verschiedene Anbieter starten ihre Hafenrundfahrten an den Landungsbrücken. Die Barkassen sind überdacht, es gibt unterschiedlich lange, auch thematische Touren. In den Abendstunden sind die Lichter des Hafens besonders eindrucksvoll.

Die Speicherstadt lässt sich sehr schön vom Wasser aus erkunden

Auf Nebenstrecken Hamburg und die Elbmarschen erleben

Trubel der Metropole und ländliches Idyll: Selten liegen diese Gegensätze näher beieinander als im Raum Hamburg. Gleich hinter den Stadtgrenzen geht es auf kleinen Landstraßen durch die fruchtbaren Elbmarschen ins pittoreske Glückstadt. Per Fähre nach Niedersachsen übergesetzt, führt die Route durch das mittelalterliche Stade und die weitläufigen Obstanbaugebiete des Alten Landes zurück nach Hamburg.

Die Tour auf einen Blick:

Start: Hamburg-Altona **Ziel:** Hamburg-Harburg
Gesamtlänge: 245 km
Reine Fahrzeit: 5 Std. 45 Min. (Tagestour)
Orte entlang der Route: Wedel – Haseldorf – Klevendeich – Elmshorn – Glückstadt – Wischhafen – Assel – Grauerort – Stade – Twielenfleth – Grünendeich – Mittelnkirchen – Jork – Königreich – Nincop – Neu-Wulmstorf

E1 EXKLUSIVE RESIDENZEN, HISTORISCHE KLEINSTADT (23 km/45 Min.)

Von Altona bis Wedel – entlang der großbürgerlichen Elbchaussee über das pittoreske Blankenese bis ins historische Städtchen Wedel

Der Süllberg im Stadtteil Blankenese gilt vielen als Hausberg von Hamburg

Die Route beginnt am Rathaus in Altona (S. 120) und folgt der Elbchaussee nach Westen. Wie an einer Perlenkette aufgereiht, liegen hier einige der vornehmsten und luxuriösesten Anwesen der Hansestadt. Das Haus an der Ecke zur Fischers Allee beeindruckt mit seiner futuristischen Fassade. Kurz vor der Liebermannstraße schwingt sich die Chaussee hoch und gibt den Blick über die Elbe frei. Hinter der Einmündung steht ein kleines Denkmal für die Ameisen von Ringelnatz.
Vorbei am Jenischpark (S. 134), führt die Elbchaussee hinunter nach Teufelsbrück, wo linker Hand im Gebüsch der kleine sandsteinerne Teufel kauert. Dann gelangen wir auf unserer Route hinauf nach Nienstedten (S. 137), passieren das Hotel Louis C. Jacobs, die Kirche und den Hirschpark (S. 138). Bald ist Blankenese

(S. 138) erreicht. Hier lohnt ein Stopp mit Bummel durch die Gassen nach Süden (linker Hand) Richtung Elbe. Ab Blankenese folgt man der Beschilderung nach Wedel. In Rissen lässt der weitläufige Wald fast vergessen, dass man sich noch in Hamburg befindet.

Wedel (S. 141) empfängt seine Besucher mit einer von Geschäften gesäumten Einfallstraße. Ab dem Bahnhof zeigt sich das Städtchen an der aufgestauten Wedeler Au dann einladender. Es geht durch enge Straßen hügelaufwärts, vorbei an historischen Häusern zum alten Markt mit der Roland-Figur. Ehe man Wedel verlässt, lohnt ein Abstecher zur Schiffsbegrüßungsanlage Willkommhöft (ausgeschildert).

Der Roland
Ein 4,5 m hohes Standbild aus 32 Sandsteinblöcken steht seit 1558 für die Handels- und Marktgerechtigkeit auf dem Wedeler Markt.

E2 DURCH DIE FETTE MARSCH (42 km/1,5 Std.)

Von Wedel bis Elmshorn – ländliche Idylle zwischen Deich, Wiesen und Weiden, dazu die Elbmarschendörfer

Eben noch Stadt, und jetzt: pure Natur. Direkt hinter Wedel führt die Route als Bundesstraße 431 hinein in die Elbmarschen – Hecken und Weiden, so weit das Auge reicht. Im Örtchen Holm geht es Richtung Westen nach Hetlingen, wo man bei einem Abstecher zur Hetlinger Schanze die großen Schiffe auf der Elbe beobachten kann. Im benachbarten Haseldorf lohnt das verschwiegen gelegene Schloss Haseldorf den Stopp. Einst lebte und schrieb hier der heute beinahe vergessene Dichter Emil von Schoenaich-Carolath. Gegenüber lockt das Café Deichhof zu einer Stärkung, und das Elbmarschenhaus

Die Holmer Sandberge sind uralte Dünen des Urstromtals der Elbe und bilden das größte Binnendünengebiet Schleswig-Holsteins.

informiert mit einer multimedialen Ausstellung über die Besonderheiten der Region (Hauptstr. 26, Haseldorf, www.elbmarschenhaus.de, Mi–So 10–16 Uhr).
Kurvenreich windet sich die Route weiter durch die satten Wiesen. Ein Abstecher zum kleinen Hafen in Scholenfleth offenbart den Charakter des Elbufers: Bei Niedrigwasser dominiert der Schlick das Bild. Dann folgt die Straße dem Binnendeich, an dem sich die kleinen Häuschen von Mühlenwurth, Hohenhorst und Altendeich aneinanderreihen. Die kurvenreiche Landstraße und die weiten Blicke in die Landschaft lassen fast vergessen, dass dies die Metropolregion Hamburg ist.

Der Binnenhafen von Glückstadt führt mitten in die Stadt hinein

Nach 10 km führt die mit dicken Holzbohlen belegte Klevendeicher Drehbrücke von 1887 über die Pinnau nach Neuendeich, und weiter geht es – zwischen fetten Weiden, Getreidefeldern, Obsthöfen und -plantagen – Richtung Westen. Hinter Sonnendeich ist bald Klein-Nordende erreicht, und wieder wechselt das Panorama abrupt von Land zu Stadt, denn Elmshorn ist erreicht, das – der Beschilderung nach Glückstadt folgend – am Rand durchfahren wird.

Bei Kronsnest verkehrt Deutschlands kleinste Fähre – hier werden die Passagiere per Ruderboot über die Krückau gebracht (www.faehre-kronsnest.de).

E3 WO KÖNIGSPLÄNE SCHEITERTEN

(23 km, bis zur Fähre 27 km/45 Min.)

Von Elmshorn bis Glückstadt: Zur historischen Festungsstadt mit Barockbauten und großem Marktplatz und zur Elbfähre nach Wischhafen

Der nun anstehende Weg von Elmshorn nach Glückstadt wird auf der viel befahrenen Bundesstraße 431 zurückgelegt und ist unspektakulär, dafür ist bald Glückstadt erreicht. Die Industrie am Ortsanfang täuscht: Die Einfallstraße führt beiderseits des niederländisch anmutenden Fleets bis zum historischen Marktplatz mit pittoresken, bis zu 400 Jahre alten Häusern. Sie entstanden schon kurz nach Stadtgründung. Der dänische König ließ Glückstadt samt Hafen und Festung 1614 anlegen und wollte damit dem reichen Hamburg Konkurrenz machen. Doch der Hafen erwies sich aufgrund des Schlicks nur als bedingt schiffbar, und Glückstadts Stern sank, noch ehe er wirklich aufgestiegen war.

Eine Flotte von Heringsfangbooten begründete einst den Ruf des Glückstädter Matjes, der heute aus den Niederlanden kommt.

Auch wenn Hamburg im Wettbewerb den Sieg davontrug: Wir verdanken dem königlichen Konkurrenzunternehmen die symmetrisch angelegte Innenstadt samt quadratischem Markt und sternförmig in alle Himmelsrichtungen strebenden Straßen mit historischer Bebauung, die einen Stadtbummel lohnen. Restaurants, Cafés und kleine Geschäfte machen Glückstadt heute zu einem reizvollen Ort samt verträumtem Hafen. Nach dem Spaziergang – oder einer Übernachtung – folgen wir für die Überfahrt nach Niedersachsen den Schildern Richtung Elbfähre zum Anleger nördlich der Stadt.

Die kostenpflichtige Elbfähre Glückstadt–Wischhafen verkehrt täglich von 5 bis 22.30 Uhr (www.elbfaehre.de). Im Sommer kann es zu langen Wartezeiten kommen.

E4 DIE HÜBSCHE KONKURRENTIN

(48 km/45 Min.)

Von Wischhafen bis Stade: durch die Marschen Niedersachsens in die beschauliche Kleinstadt Stade

Die Fährpassage bietet schöne Möglichkeiten, den Schiffsverkehr auf der Elbe zu beobachten. Nach rund 25 Minuten Überfahrt ist bei Wischhafen Niedersachsen erreicht. Die Route folgt nun der B 495 durch Wischhafen und ab Neuland geradeaus der Landstraße, genannt Obstmarschenweg, Richtung Drochtersen. Stets den Deich im Blick, geht es nun von Straßendorf zu Straßendorf. In Assel ruft eine Sturmflutmarkierung am lokalen Museum neben der Kirche in Erinnerung, dass die so idyllische Niederelbregion noch 1962 von einem lebensgefährlichen Hochwasser heimgesucht wurde.

Das südlich gelegene Bützfleth ist ein Zentrum der chemischen Industrie, auf deren Fabriken hinter dem Deich nur Wegweiser hindeuten. Hinter dem Dorf Schnee führt an der Ampelkreuzung in Hörne die Freiburger Straße rechts ab hinein nach Stade. Am neuen Hafen stehen historische Schiffe in sehenswertem Kontrast zur sehr modernen Bebauung oberhalb des Hafenbeckens.

Das Auto bleibt am besten am Hafen zurück. Kleine Straßen mit uralten Fachwerk- und Speicherhäusern laden zur Zeitreise ein. Als ginge man durch ein magisches Tor, öffnet sich Stades

Abstecher
Bei Barnkrug führt eine Schotterpiste zur preußischen Festung Grauerort, die an Sonntagen besichtigt werden kann (www.grauerort.com/festung).

Durch die Innenstadt von Stade fließt die Schwinge

malerische Altstadt links und rechts der Schwinge mit ihren hohen Kaimauern. Der historische Stadtkern gibt eine lebendige Vorstellung vom Leben und Treiben vor 600 oder 700 Jahren. Mit großen hölzernen Kränen – ein Nachbau steht am Fischmarkt – entlud man damals die Frachtschiffe, die Waren wurden vor den Händlerhäusern mit aus den Giebeln ragenden Flaschenzügen auf die Lagerböden gehievt. Im großen Schwedenspeicher – heute das Stadtmuseum – wurden besonders wertvolle Handelsgüter umgeschlagen.

E5 VIELE BÄUME – KEIN WALD (35 km/45 Min.)

Von Stade bis Jork: durch Hamburgs Obstanbaugebiet mit kurzen Abstechern an die Elbe

Im Infozentrum Maritime Landschaft Unterelbe in Grünendeich wird u. a. eine originale Kapitäns-Kommandobrücke gezeigt (www.maritime-elbe.de).

Aus Stade heraus geht es östlich Richtung Elbe nach Twielenfleth und Bassenfleth. Dort symbolisiert das längst abgeschaltete Kernkraftwerk die einst hochfliegenden Pläne zur Industrialisierung der Unterelbregion. Mehrfach finden sich im weiteren Verlauf der Strecke Parkplätze, von denen aus man auf den mächtigen Elbdeich steigen und den Fluss beobachten kann.

Hier hinter Stade beginnt offiziell das Alte Land mit seinen unzähligen Obstbäumen. Dass die ortsansässigen Obstbauern schon seit Jahrhunderten sehr gute Geschäfte machen, zeigen die üppig und kunstvoll verzierten Giebel der großen reetgedeckten, teils sehr alten Höfe, an denen die Route vorbeiführt. Passend heißt sie hier Obstmarschenweg.

In Grünendeich lädt die Kirche St. Marien zur Besichtigung. Der mächtige Fachwerkbau entstand um 1608 und wurde 1625 um den hölzernen Turm mit Pyrami-

In der Zeit von Ende April bis Mitte Mai blühen im Alten Land die Obstbäume

denhelm ergänzt. Hier knickt die Route Richtung Jork nach Süden ab. Steinkirchen trägt seinen Namen nach der 1332 bereits aus Stein erbauten und 1687 erneuerten Kirche St. Martini et Nicolai mit ihrem 42 m hohen Holzturm aus dem Jahr 1696. Sie beherbergt eine 1685 bis 1687 geschaffene Arp-Schnitger-Orgel. Kurz hinter der Kirche wechselt die Strecke auf die andere Flussseite und führt dann Richtung Osten nach Jork.

Arp Schnitger (1648–1719) gilt als Meister des barocken Orgelbaus. Im Alten Land sind gleich fünf seiner Werke erhalten: in Stade, Borstel bei Jork, Mittelnkirchen, Hollern und Steinkirchen.

E6 DAS KÖNIGREICH DER ÄPFEL

(70 km/1 Std. 15 Min.)

Von Jork bis Harburg: auf dem Obstmarschenweg durch die Dörfer Königreich und Nincop zurück nach Hamburg

Spätestens ab Jork gibt es nun nur noch eins: Obstbäume, so weit das Auge reicht, und noch weit darüber hinaus. Entlang der Route reihen sich auch hier reich verzierte Obstbauernhöfe, die oft seit Generationen im Familienbesitz sind. Millionen von Obstbäumen bis an den Horizont ergeben ein ganz besonderes Landschaftsbild. In Königreich endet der Obstmarschenweg. Von der Deichhöhe bei Hove, dem Nachbarort von Königreich, kann man nach Norden – also linker Hand – quer über die Elbniederung bis zu den weißen Häusern von Blankenese auf dem Süllberg hinüberschauen.

Die Rundfahrt durch das Alte Land endet in Nincop. Richtung Süden geht es nun über den Nincoper Deich durch Rübcke nach Neu-Wulmstorf. Die Umgebung ändert sich nun recht unmittelbar: Von hier führt die Bundesstraße 73 gen Osten hinein nach Hamburg-Harburg – eine urbane Verkehrsader und scheinbar Welten vom Zauber des Alten Landes entfernt.

Das Alte Land ist mit 17 Mio. Obstbäumen auf fast 11 000 ha Europas größtes Obstanbaugebiet.

Hotelempfehlungen:

Wenn Sie die Tour in Tagesetappen fahren, empfehlen wir folgende Hotels:

€ | Hotel am Fischmarkt Zentral in der historischen Altstadt gelegenes Haus mit Standard-Ausstattung.
» Fischmarkt 2, 21682 Stade, Tel. 04141/ 44962, www.hotel-am-fischmarkt.de

€€ | Hotel Anno 1617/Dat lütt Anno Am Marktplatz gelegenes gehobenes Hotel mit 24 Zimmern in zwei Häusern.
» Am Markt 5–6, 25348 Glückstadt, Tel. 04124/91690, www.anno1617.de

Unterwegs

Einladung für Entdecker: Geschichte und Kultur, Handel und Wandel, Menschen aus aller Herren Länder und natürlich Hafen und Seefahrt haben Hamburgs Wesen vielfältig geprägt

Das will ich erleben

Rathaus und Reeperbahn, Hafen, Hagenbeck und Musicals: Hamburgs Klassiker sollte man erlebt haben. Doch die Metropole im Norden hat viele weitere spannende Facetten – Dutzende Parkanlagen, unzählige Brücken, Tausende Restaurants, die Binnen- und Außenalster sowie die Elbe erwarten den Besucher. Ob Kunsthalle oder Elbphilharmonie, Speicherstadt oder HafenCity, bunt-alternative oder beschauliche Viertel: Hamburg ist eine Stadt, die zum Entdecken und Genießen einlädt.

Gepflegtes Grün und wildes Grün

Außer vielen Bäumen und Parks hat Hamburg in Sachen Natur Überraschendes zu bieten: Der Jenischpark ist ein bedeutendes Beispiel historischer Garten- und Landschaftsbaukunst. Mit Planten un Blomen besitzt die Stadt eine einzigartige grüne Lunge, fußläufig in Zentrumsnähe. Und wer Natur erwandern mag, folgt dem Elbuferwanderweg bis nach Wedel.

Shoppen an Elbe und Alster

Augen auf beim Modekauf! Bekannte Label finden sich in Hamburgs ältester Einkaufspassage, der Mönckebergstraße. Auch im Alsterhaus – klassisches Kaufhaus und Markentempel zugleich – bleibt kaum ein Shoppingwunsch unerfüllt. Wilder und lauter geht es dagegen auf dem sonntäglichen Fischmarkt zu, dem bunten Lebensmittel- und Flohmarkt an der Elbe.

Hamburgs vielfältige Geschmäcker

Pannfisch, Matjes und Labskaus: Solche norddeutschen Spezialitäten muss man probiert haben – z. B. in den Krameramtsstuben. Die Küchen der weiten Welt öffnen sich im Portugiesenviertel, und moderne Hamburger Bierbraukunst lässt sich im Braugasthaus Altes Mädchen genießen.

Wellen, Wind und weite Welt

Hamburg bietet viele Begegnungen mit der Welt der Seefahrt – ganz besonders im Internationalen Maritimen Museum. An Bord eines ausgedienten Feuerschiffes kann man sogar auf dem Wasser nächtigen. Der Traditionsschiffshafen Övelgönne wiederum ist eine gute Gelegenheit zum Kennenlernen historischer Schiffe.

Kunst – in Öl, auf Leinwand, aus Holz

Gemalt, radiert, fotografiert: Die Hamburger Kunstsammlungen bergen unendlich viele Werke. Das Ernst-Barlach-Haus zeigt das Schaffen des Holzschnitzers und Grafikers, die Hamburger Kunsthalle präsentiert Werke aus sieben Jahrhunderten, und Sammler Harald Falckenberg öffnet seine exzellente Kunstkollektion in Harburg für Besucher.

4

Historisches an der Elbe

Zwischen Hammaburg und Großem Brand: Hamburg hat viel historische Bausubstanz verloren. Doch der Ort der Stadtgründung am Domplatz, die im Krieg zerstörte Kirche St. Nikolai und die 1842 von der Feuersbrunst verschonten Häuser der Deichstraße erzählen anschaulich von vergangenen Zeiten.

13

Hanseatische Baukunst

Roter Backstein – aus Hamburg nicht fortzudenken. Besonders die riesige Speicherstadt und die modernen Kontorhäuser zeigen, wie eindrucksvoll das traditionelle Baumaterial genutzt werden kann. Und das Unilever-Haus repräsentiert nachhaltig-futuristisches Bauen von morgen.

28

Leben am Fluss

Die Elbe – Hamburgs wirtschaftliche Lebensader – prägt die Stadt auf vielfältige Weise. Die stolze »Cap San Diego« erinnert an Zeiten, als es hier von Stückgutfrachtern wimmelte. Das öffentlich zugängliche Bürogebäude Dockland ragt wie ein Schiffsbug über das Wasser. Und nirgends relaxt es sich so schön wie am Elbstrand von Övelgönne.

Hamburg von oben

Das flache Hamburg hat viele Höhepunkte – einige kann man besteigen: Vom Turm der Hauptkirche St. Michaelis bietet sich ein atemberaubendes Stadtpanorama. Der Betrieb an den Landungsbrücken lässt sich vom Stintfang aus beobachten, und der Altonaer Balkon ist eine Zuschauerloge für das Treiben auf den Container-Terminals.

Die vielfältigen Klänge der Hansestadt

Hamburgs Komponisten und Konzerthäuser prägen das Musikleben. Zeugnisse von Telemann, Hasse, Bach und Brahms werden im Komponistenquartier gezeigt. Das Konzertangebot von der Elbphilharmonie bis zu den Clubs an der Großen Freiheit lässt keine Wünsche unerfüllt.

Geheimnisse unter der Erde

Hier führen Treppen ans Ziel – unter der Elbe und unter zwei Kirchen liegen verborgene Schätze: Der Alte Elbtunnel überrascht mit Wanddeko im Jugendstil. In der Krypta von St. Michaelis gibt es eine Schau zur Kirchengeschichte. Und unter der katholischen Kirche St. Joseph tauchte jüngst ein Beinhaus mit längst vergessenen Gräbern auf.

Altstadt, Binnenalster, Wallanlagen

In Hamburgs Zentrum haben Geschichte, Politik und Handel eindrucksvolle Zeugnisse aus 1300 Jahren Stadtentwicklung hinterlassen

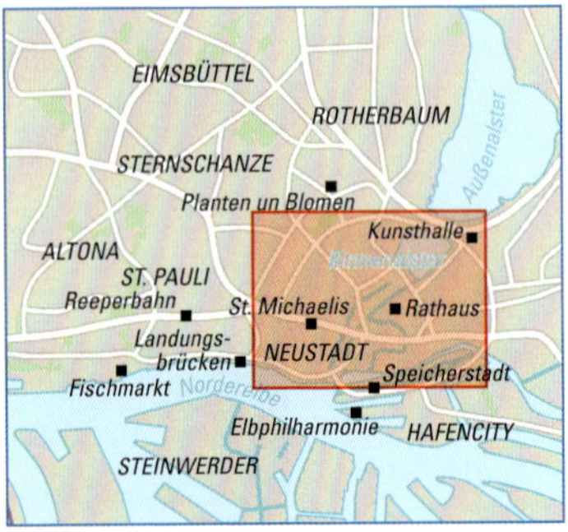

Wie ein Kaleidoskop zeigt die Innenstadt Monumente und Orte der Stadtentwicklung vom Hochmittelalter bis in die Gegenwart. Verwaltung, Handel, Religion und Kultur haben den Charakter von Altstadt und Neustadt sowie des Kontorhausviertels geprägt. Rings ums Rathaus und an der Alster fallen die Kupferdächer, Kontorhäuser, Brücken und Fleete auf, die Hamburgs Gesicht so intensiv prägen. Mit etwas Fantasie kann man sich vergangene Zeiten vorstellen, als die Stadt ihre Entwicklung von einer winzigen befestigten Siedlung hin zur wirtschaftlich mächtigen Großstadt nahm. Die ringförmig um die Innenstadt verlaufenden Wallanlagen erinnern an die frühneuzeitlichen Befestigungsanlagen, und die Türme der Kirchen lassen Hamburgs Silhouette weitgehend so erscheinen, wie sie sich auch um 1840 und 1900 dem Betrachter darbot. Wo heute Flaniermeilen die Kauflustigen anlocken und monumentale Kontorhäuser von großer Wirtschaftskraft künden, standen einst eng verwinkelte Wohnhäuschen wie im noch erhaltenen kleinen Gängeviertel. An das Grauen der Bombennächte 1943/44 mahnen Turm und Ruine von St. Nikolai – viele Stadtteile verschwanden seinerzeit im Feuersturm.

In diesem Kapitel:

ADAC Top Tipps:

1 Rathaus
| Regierungsgebäude |
Der Bau kündet imposant vom Stolz der Hanseaten – im Sitz von Stadtregierung und Parlament schlägt seit 1897 das Herz der Elbmetropole. Sein Foyer steht jedermann offen. 67

2 **Binnenalster**
| Flussufer |
Idyllische Oase mitten in Hamburg: An den Ufern der Binnenalster lässt es sich, umgeben von repräsentativen Gebäuden, perfekt flanieren, relaxen, schauen – Alsterdampfer, Fontäne und Möwengekreische inklusive. 78

ADAC Empfehlungen:

1 **Kontorhausviertel**
| Architektur |
Die typisch hamburgischen Kontorhäuser verbinden Tradition und Moderne und wurden in das UNESCO-Weltkulturerbe aufgenommen. 72

2 **Jungfernstieg**
| Promenade |
Die klassische Flaniermeile lockt mit herrlichem Alsterblick und vielen Einkaufsmöglichkeiten. 79

3 **Komponistenquartier**
| Museum |
Vier kleine Museen zollen großen Hamburger Komponisten Respekt. 83

4 **Museum für Hamburgische Geschichte**
| Museum |
Zeitreise in die Stadtgeschichte: die Entwicklung von der Hammaburg bis zur HafenCity. 84

1 Rund um den Rathausmarkt

Italienisches Flair in hanseatischem Umfeld

Das Hamburger Rathaus – geziert von Turm, Kupferdach und Königsfiguren

i Information

- U 3 Rathaus
- Zwischen Hermannstraße, Bergstraße, Poststraße und Adolphsplatz
- Das ganztägig hohe Verkehrsaufkommen, die Enge der Straßen und verkehrsberuhigte Zonen machen es ratsam, per U- oder S-Bahn in die Hamburger Innenstadt anzureisen.
- Mehrere umliegende Parkhäuser sind gut ausgeschildert, in vielen Fällen aber teuer. Das Parkhaus Karstadt Mönckebergstraße (Kleine Rosenstr. 8) und das Parkhaus Europa-Passage (Hermannstr. 11) kosten maximal 12 € Tagesgebühr.

Der Rathausmarkt ist Hamburgs zentraler Platz und oft Schauplatz von Großveranstaltungen – von hier wird die Stadt regiert, hier schlägt das wirtschaftliche Herz, und gleich daneben kann man Kunst genießen. Die Hansestadt gibt sich hier klassisch: Rings um den Platz und in den angrenzenden Straßen sind viele architektonische Zeugnisse des 19. und frühen 20. Jh. erhalten. Der Rathausmarkt und die Kirchen an der Mönckebergstraße sind ein Muss für jeden Stadtbesuch, entsprechend geschäftig geht es dort zu. Hier lässt sich jede persönliche Stadterkundung wunderbar starten.

Plan
S. 69

Sehenswert

a Rathausmarkt

| Platz |

Nachdem der Große Brand von 1842 diese Gegend verwüstet hatte, gestalteten die Architekten Alexis de Chateauneuf und Gottfried Semper einen neuen Rathausmarkt nach dem Vorbild des Markusplatzes in Venedig. Auch hier öffnet sich der Platz an einer Seite zum Wasser – die Stufen zum Alsterfleet laden zum Verweilen ein.

An der Westseite steht das Denkmal für die Gefallenen beider Weltkriege. Die hoch aufgerichtete, schlichte Stele entstand 1930–1932 nach einem Entwurf von Klaus Hoffmann. Vom norddeutschen Künstler Ernst Barlach stammt das Relief »Trauernde Mutter mit Kind«. Bis in die späten 1970er-Jahre war der Rathausmarkt ein turbulenter Verkehrsknotenpunkt mit Straßenbahn- bzw. Bushaltestellen. Zu Beginn der 1980er-Jahre wurde er im Rahmen einer Neugestaltung verkehrsberuhigt.

b Rathaus

| Regierungsgebäude |

1 *Prunkvoller Sitz der Stadtregierung – offen für jedermann*

Erst 55 Jahre nach dem Großen Brand wurde nach elfjähriger Bauzeit 1897 Hamburgs prächtiges Rathaus eingeweiht – die Planungen hatten schon 1842 begonnen, nachdem das bisherige Rathaus zur Eindämmung der Flammen gesprengt worden war.

Im historisierenden Stil der norddeutschen Renaissance schufen sich die Stadtväter nach Entwürfen von Martin Haller ein imposantes neues Domizil. Das Dach des aus Granit und Sandstein gemauerten, 113 m breiten und 70 m tiefen Gebäudes – selbstbewusst überragt von einem 112 m hohen Turm – ist mit grünem Kupfer gedeckt. In Fassadennischen erkennt man 20 Figuren deutscher Kaiser und Könige, überkrönt von allegorischen Darstellungen bürgerlicher Tugenden wie Frömmigkeit, Eintracht und Weisheit.

Das Rathaus besteht aus 647 Räumen, von nüchternen Arbeitszimmern bis zu prunkvollen Festsälen, in denen Staatsbesuche und große Empfänge stattfinden. Im großen Saal tagt das

Schiffsmodelle von Konvoischiffen im »Haus im Haus« der Handelskammer

Bürgerschaft genannte Parlament, die Landesregierung kommt im Senatssaal zusammen. Im Festsaal zeigen fünf 1903–1909 von Hugo Vogel geschaffene Gemälde Szenen aus der Stadtgeschichte. Hier wird auch die seit 1356 bestehende Tradition der am 24. Februar stattfindenden Matthiae-Mahlzeit lebendig gehalten.

■ Rathausmarkt 1, Tel. 040/428 31 20 64, www.hamburg.de, an veranstaltungsfreien Tagen ca. 30-minütige Führungen stdl. Mo–Fr 11–16, Sa 10–17, So 10–16 Uhr, 4 €, Kinder bis 14 Jahre frei

c Alsterarkaden

| Architektur |

Sein italienisches Flair verdankt der Rathausmarkt v.a. den Alsterarkaden westlich des Alsterfleets: Die von steinernen Bögen getragenen Vorbauten und Hausfassaden sind stark von südländischen Baustilen inspiriert, die der Architekt Alexis de Chateauneuf auf seinen Reisen im Mittelmeerraum studiert hatte. Das Ensemble von 1842/43 ist seit jeher eine Adresse nobler Geschäfte. Hamburgs älteste Passage, die Mellin Passage aus dem Jahr 1864, verbindet den Arkadengang mit dem Neuen Wall. Um die Jahrhundertwende erhielt sie eindrucksvolle Deckenmalereien im Jugendstil.

d Handelskammer

| Architektur |

Die imposante, 1841 eingeweihte Handelskammer begrenzt den Innenhof des Rathauses nach Süden. Sie beherbergte bis 2002 die bereits 1558 gegründete Börse, die früheste ihrer Art in Nordeuropa. Das von Carl Ludwig Wimmel gestaltete spätklassizistische Bauwerk wurde 1912 durch den Ostflügel mit Uhrturm ergänzt. Zwei Frauengestalten mit Füllhörnern krönen das Eingangsportal am Adolphsplatz und versinnbildlichen den hanseatischen Wohlstand. In der Mitte der hohen Innenhalle mit umlaufenden Arkadengängen zeigt ein »Haus im Haus« eine Daueraustellung zum Wirken der

Handelskammer, Schätze aus der 1669 gegründeten Commerzbibliothek sowie Modelle historischer Konvoischiffe, die einst die Schiffe der hanseatischen Kaufleute vor Piraten schützten.

■ Adolphsplatz 1, www.hk24.de, Mo–Do 8–17, Fr 10–16 Uhr

e Bucerius Kunst Forum

| Ausstellung |

Die ehemalige Reichsbank von 1917 beherbergt in der Kassenhalle sowie im Untergeschoss das Bucerius Kunst Forum. Gefördert von der Stiftung des Zeit-Verlegers und Kunstsammlers Gerd Bucerius, werden hier Ausstellungen mit Werken von der Antike bis zur Neuzeit gezeigt. Im Giebel des Hauses repräsentieren die Skulpturen typische Hamburger Berufe.

■ Rathausmarkt 2, Tel. 040/360 99 60, www.buceriuskunstforum.de, tgl. 11–19, Do bis 21 Uhr, 9 €, erm. 6 €

Restaurants

€€ | Parlament Klassischer Ratskeller im Untergeschoss des Rathauses mit Außenterrasse im Innenhof. ■ Rathausmarkt 1, Tel. 040/70 38 33 99, www.parlament-hamburg.de, Mo–Sa 11.30–23.30 Uhr, Plan S. 69 b3

€€ | Picasso Authentischer, gemütlicher Spanier mit Tapas, preisgekrönter Paella und einer umfangreichen Weinkarte. Reservieren! ■ Rathausstr. 14, Tel. 040/32 65 48, www.picasso-hamburgo.de, Mo–Sa 11.30– 23 Uhr, Plan S. 69 östl. c3

Cafés

Café Paris Französische Klassiker von Croissants über Austern bis zu bretonischer Fischsuppe im Jugendstillokal – sehr authentisch. ■ Rathausstr. 4, Tel. 040/ 32 52 77 77, www.cafeparis.net, Mo–Sa 9–23.30, So 9.30–23 Uhr, Plan S. 69 c3

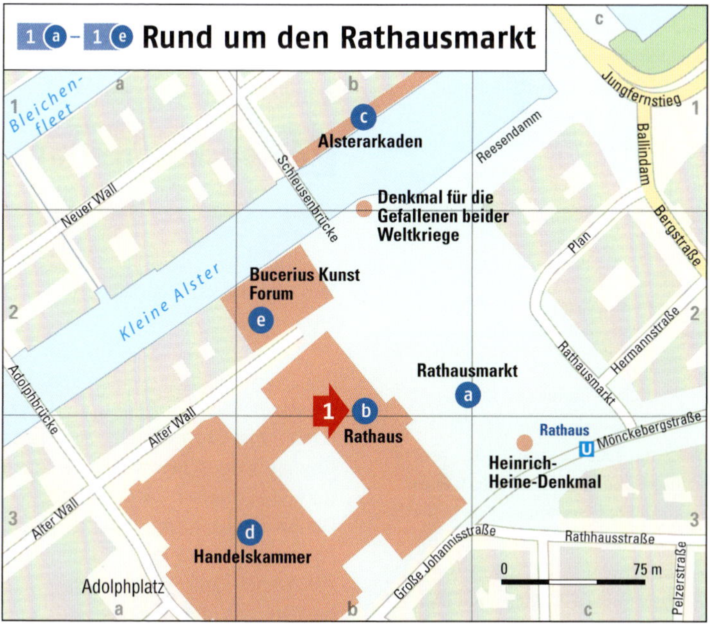

Im Blickpunkt

Fischtreppen

Während oben die Menschen unter den Alsterarkaden flanieren, spielen sich unterhalb im Alsterfleet ungewöhnliche Wanderungen ab. Fische wie Aal und Rotauge, Zander und Moderlieschen nutzen eine Fischtreppe mit 14 kastenartigen Kammern, um auf ihrer Migration flussaufwärts die Rathausschleuse zu umgehen. Die Tiere springen pro Kammer durch einen Seitenschlitz jeweils 10 cm hoch gegen die Strömung und können sich anschließend ausruhen. Das schiffbare Alsterfleet ist der Hauptabfluss der Alster, die Rathausschleuse reguliert ihren Wasserstand. Bislang bildeten Schleusen unüberwindbare Hindernisse – ziehende Fischarten kamen in der Alster nicht mehr voran. Von den Alsterarkaden aus können mit etwas Glück diese Fischzüge der besonderen Art beobachtet werden.

Einkaufen

Ernst Brendler Marine- und Tropenausrüstung: heute outdoor – früher Tropenanzug. Seit 1879 befindet sich hier die Top-Adresse für klassische, funktionale Reisebekleidung und echte Hamburger Seemannspullover. ■ Große Johannisstr. 15, Tel. 040/37 34 25, www.ernst-brendler.de, Mo–Fr 9.30–18, Sa bis 16 Uhr, Plan S. 69 südl. a3

Tee Maass Feinste Tees aller Richtungen vom alteingesessenen Teefachhändler. ■ Börsenbrücke 2 a, Tel. 040/374 24 74, www.tee-maass.de, Mo–Fr 10–19, Sa 10–18 Uhr, Plan S. 69 südl. b3

ADAC *Spartipp*

Kostenlose Abendgestaltung: Wenn laue Sommerabende nach draußen locken, werden vor dem Rathaus Bänke aufgebaut – zehn Tage lang flimmern im Juni **Filmklassiker** über eine riesige Leinwand. Der Eintritt ist frei, nur für Popcorn muss man selber sorgen. www.freiluftkino-hamburg.de

Events

Weihnachtsmarkt Ende Nov. bis 23. Dez. vor der historischen Kulisse des Hamburger Rathauses sowie an der Mönckebergstraße rings um St. Petri und auf dem Gerhart-Hauptmann-Platz. An den Adventssamstagen finden Weihnachtsparaden mit festlich geschmückten Prunkwagen statt.

2 Mönckebergstraße

Klassischer Einkaufsboulevard im Herzen der Hamburger Innenstadt

■ U 3 Rathaus, U 3 Mönckebergstraße, S/U Hauptbahnhof Süd

Hamburgs berühmte Geschäftsstraße zwischen Rathausmarkt und Hauptbahnhof ist zweifellos eine der ersten Adressen, wenn man auf Einkaufstour geht. Ursprünglich ein dicht bebautes Gängeviertel mit eng stehenden Fachwerkhäusern, wurde die Gegend um die Wende zum 20. Jh. saniert. Beiderseits des neuen Boulevards ent-

standen opulente, teils mit Sandstein verkleidete Kontorhäuser. Nach den schweren Zerstörungen des Zweiten Weltkriegs wieder aufgebaut, sind vereinzelt noch die originalen Kontorhausfassaden erhalten.
Sehenswert sind der Mönckebergbrunnen (1913–1915) von Fritz Schumacher und Georg Wrba, der Barkhof auf Nr. 8, ein 1910 erbautes, 170 m langes Doppel-Kontorhaus, und das Levantehaus von 1912, heute eine edle Einkaufspassage mit kleinen Geschäften und Cafés. Mit dem Klöpperhaus (Nr. 3) begann Architekt Fritz Höger seine Karriere als Backsteinbaumeister.

Sehenswert

St. Petri

| Kirche |

Hamburgs älteste, erstmals 1195 urkundlich erwähnte Kirche begann als kleines Marktkirchlein. Ab 1310/20 wurde es durch einen dreischiffigen barocken Hallenbau ersetzt, der dem Großen Brand von 1842 zum Opfer fiel. 1844–1849 bauten Alexis de Chateauneuf und Hermann Peter Fersenfeldt St. Petri im neogotischen Stil wieder auf und fügten ein viertes Schiff hinzu. Erst im Jahr 1878 wurde der von Johann Maack entworfene kupfergedeckte Turm fertiggestellt.
Sehenswerte Teile des originalen Innenschmucks sind die Alabasterfiguren vom alten Taufbecken, die jetzt die Kanzel zieren, ein vom Hamburger Maler Hans Bornemann geschaffenes Votivbildnis des hl. Ansgar von 1460 und eine Madonnenfigur mit Kind aus Sandstein, die um 1470 gefertigt wurde. Im südlichen Seitenschiff zeigt ein Modell die mittelalterliche Vorgängerkirche. Das schwere Hauptportal wird mit einem löwenkopfverzierten Griff aus dem Jahr 1362 aufgezogen.

■ Bei der Petrikirche 2, www.sankt-petri.de, Mo, Di, Do, Fr 10–18.30, Mi 10–19, Sa 10–17, So 9–20 Uhr

In der Mönckebergstraße sind viele Kontorhäuser mit Sandstein verkleidet

St. Jacobi

| **Kirche** |

Hoch erhebt sich der spitze kupfergedeckte Turm von St. Jacobi über die Läden und Kontorhäuser der Innenstadt. Immer wieder wurde diese um 1350 erbaute Backstein-Hallenkirche umgestaltet – 1493–1508 entstand ein südliches Seitenschiff, 1707/08 ein Anbau an der Nordseite. Der im Krieg zerstörte kuppelförmige Turm wurde 1959–1962 in seiner heutigen Form realisiert. Sehenswert sind die mit 4000 Pfeifen und 60 Registern größte Barockorgel Norddeutschlands, 1693 von Arp Schnitger geschaffen, sowie der Lukas-Altar von 1499 im Südschiff. Diese Stiftung der Hamburger Malergilde begründete eine Tradition: 1505 stifteten die Fischer den St.-Petri-Altar, um 1510 die Böttcher den St.-Trinitatis-Altar. Die von Joachim Luhn gemalte große Stadtansicht stammt von 1681.

■ Jacobikirchhof 22, www.jacobus.de, April–Sept. Mo–Sa 10–17, Okt.–März Mo–Sa 11–17, So nach dem Gottesdienst bis 17 Uhr, Hörbeispiele der Orgel Do 12 Uhr

3 Kontorhausviertel

1 *Heimat der roten Kolosse – das Weltkulturerbe aus Backstein*

■ U 1 Meßberg

■ Zwischen Steinstraße, Johanniswall, Willy-Brandt-Straße und Domplatz

Moderne Bautechnik und hanseatische Bodenständigkeit treffen sich in Hamburgs roten Kolossen: den Kontorhäusern. Skelette aus Stahlbetonträgern nach Vorbild amerikanischer Wolkenkratzer tragen die von gestaffelten Dachgeschossen gekrönten Gebäude mit verzierten, oft backsteinernen Fassaden. Von den ab 1890 entstandenen gut 150 prunkvollen Business-Tempeln sind viele erhalten.

Im Kontorhausviertel sind drei bedeutende Beispiele zu sehen: Das 1922–1924 im expressionistischen Stil erbaute Chilehaus von Backsteinbaumeister Fritz Höger setzt mit spitz zulaufenden, an einen Schiffsbug erinnernden Fassaden moderne Maßstäbe. Eindrucks-

Die Fassade des Chilehauses bezaubert mit kleinteiligen Backsteinornamenten

ADAC *Wussten Sie schon?*

Das **Chilehaus** besteht aus 14,8 Mio. Klinkern mit rauer, ungleichmäßiger Oberfläche, die damals üblicherweise als Ausschuss aussortiert wurden. Für den Bau waren 750 Güterwagenladungen Zement nötig. Insgesamt verfügt es über 2800 Fenster.

voll sind die Eingangshalle und die Keramikdekoration der Treppenhäuser von Richard Kuöhl (1880–1961).

Der neunstöckige Sprinkenhof (Burchardtstr. 6–14) von Höger und den Brüdern Hans und Oskar Gerson wurde 1927–1943 als größtes Kontorhaus Hamburgs rings um drei Innenhöfe erbaut und verfügte über die erste große Tiefgarage der Stadt. Ein rautenförmiges Netz aus Klinkerverzierungen und Terrakottaschmuck geben der Fassade ein feines Gepräge.

Der Meßberghof (Meßberg 1), ebenfalls ein Werk der Gerson-Brüder, entstand 1922–1924. Das zehnstöckige Gebäude hat einen prägnanten, nach Westen ausgerichteten Kopfbau mit Walmdach aus Titanblech. Zwei parallele Flügel entlang der Straße Pumpen und der Willy-Brandt-Straße tragen Staffelgeschosse. Die acht Fassaden-Zierfiguren von Lothar Fischer entstanden 1996/97. Seit 2015 steht das Kontorhausviertel als Weltkulturerbe unter Schutz.

Restaurants

€€ | **Gröninger Privatbrauerei** Kellerbrauerei mit herzhaften Speisen und aromatischem Bier. ■ Willy-Brandt-Str. 47, Tel. 040/570 10 51 00, www.groeninger-hamburg.de, Mo–Fr ab 11, Sa ab 17, So ab 15 Uhr

Einkaufen

Manufaktum Hochwertige, oft handwerklich-traditionell hergestellte Produkte aus dem kleinen Warenhaus im Chilehaus. ■ Fischertwiete 2, Tel. 040/ 30 08 77 43, www.manufaktum.de, Mo–Sa 10–19 Uhr

Kinder

Chocoversum Spannender und leckerer 90-Minuten-Streifzug durch die Welt der Schokolade, die man hier auch selbst herstellen kann. ■ Meßberg 1, Tel. 040/41 91 23 00, www.chocoversum.de, tgl. 10–18 Uhr, nur nach Anmeldung, 15 €, erm. 11 € (inkl. Führung)

4 Domplatz

Wiege der Hamburger Geschichte: wo am Alsterlauf alles begann

■ U 3 Rathaus
■ Zwischen Curienstraße und Speersort

Vor knapp 1300 Jahren schlug hier Hamburgs Geburtsstunde – auf einer von wenigen Häusern bestandenen Landzunge in einer weitläufigen Niederung der Alster. Da ein wichtiger Handelsweg den Fluss querte, gab es immer wieder Überfälle auf die kleine Siedlung mit 200 Fischern, Bauern und Handwerkern. 832 wurde das Bistum Hamburg gegründet, Bischof Ansgar errichtete eine erste Kirche. 845 zerstörten Wikinger die Siedlung, die bald neu errichtet und durch Palisaden zur Hammaburg ausgebaut wurde.

Archäologen fanden auch Reste zweier weiterer, einander teils überlagernder Nachfolger der Hammaburg. Um 900 entstand außerdem die Domburg, de-

Wo bis 1804 der Dom stand, beherrscht heute St. Petri den neu gestalteten Platz

ren Umriss als stählernes, 140 m langes Stahlband im Boden des Platzes erkennbar ist. Nachfolger der Kirche Ansgars wurde der im 11. Jh. erbaute Mariendom, der 1804 abgerissen wurde. Die Position seiner Säulen ist mit 39 abends beleuchteten Quadern markiert.

Sehenswert

Bischofsturm

| Ausgrabungsstätte |

Im St.-Petri-Hof zeigt ein Schauraum die ältesten Spuren der Hamburger Altstadt: eine kreisförmige Setzung aus Feldsteinen mit 19 m Außen- und 11 m Innendurchmesser. Am Anfang nahm man an, es handele sich um die Reste des Wohnturms des Bischofs Bezelin Alebrand (Amtszeit 1035–1043). Heute gelten die Steine als Überbleibsel eines Turms oder Tores der mittelalterlichen Stadtbefestigungsanlage aus dem 12. Jh. An der Westseite des Turms fand man einen steinernen Brunnenschacht mit 4,4 m Durchmesser. Der Schauraum ist durch die Räume einer Bäckerei zugänglich und kann durch die Vollverglasung des Erdgeschosses von der Straße aus eingesehen werden. Zusätzlich wird ein Nachguss des 1000 Jahre alten Domgeläuts gezeigt.

■ Speersort 10, www.amh.de, Mo–Fr 7–19, Sa 7–18 Uhr

Alter Fischmarkt

| Architektur |

Südlich des Domplatzes erschließt die Straße Alter Fischmarkt kleine Straßen der Altstadt mit einigen historischen Kontor- und Bürgerhäusern. Das Haus Schopenstehl (Nr. 32/33) hat eine seltene spätbarocke Fassade. Zwischen der Kleinen und der Großen Reichenstraße lagen einst das Reichenstraßenfleet und bis ins 12. Jh. Hamburgs erster Hafen. Das Afrikahaus (Große Reichenstr. 27), 1899 für die Reederei Woermann erbaut, ist mit seiner verzierten Fassade und den bronzenen Elefanten am Hintereingang Zeugnis des kolonialen Handels mit Westafrika, dessen unrühmliche Geschichte noch der kritischen Auseinandersetzung bedarf.

■ Zwischen Domstraße und Reichenstraße

Restaurants

€ | **o-ren ishii** Herausragender vietnamesischer Imbiss, manchmal längere Wartezeiten. ■ Kleine Reichenstr. 18, Tel. 040/34 83 87 49, Mo–Fr 11–18 Uhr

Cafés

ZEIT Café Das Café mit Kaffeespezialitäten der kleinen Rösterei Torrefactum ist Helmut Schmidt gewidmet, der hier im Haus als Herausgeber der »Zeit« tätig war. ■ Speersort 1, http://torrefaktum.de, Mo–Fr 8–18, Sa 10–18 Uhr

5 Trostbrücke

Altstadt trifft Neustadt: wo zwei Hamburgs zusammenwuchsen

■ U 3 Rathaus
■ Zwischen Börsenbrücke und Neue Burg

Die Trostbrücke verband einst zwei verschiedene Hamburgs: Nachdem um 1060 westlich des Nicolaifleets die Neue Burg als Gegenpol zur Hammaburg entstand, entwickelte sich ringsum rasch die Neustadt, die am 7. Mai 1189 von Kaiser Barbarossa das Recht auf Zollfreiheit für Handel und Schifffahrt verliehen bekam. 1216 wurden Hamburgs Altstadt im Osten und die Neustadt im Westen vereint, die Trostbrücke verband die beiden urbanen Rivalen. 1290 wurde hier ein Rathaus erbaut, 1558 eine Börse, eine Waage und 1619 eine Bank. Erst der Große Brand von 1842 zerstörte dieses ökonomische und merkantile Zentrum.

An der heutigen Brücke aus den Jahren 1881–1883 symbolisieren die von Engelbert Pfeiffer geschaffenen Statuen von Erzbischof Ansgar die Alt- und von Sachsenherzog Graf Adolf III. von Schaumburg die Neustadt.

Sehenswert

Patriotische Gesellschaft
| **Architektur** |
Wo bis 1842 das alte Rathaus lag, entstand 1845–1847 das Haus der gemeinnützigen Patriotischen Gesellschaft, die sich seit 1765 im Geiste der Aufklärung für soziale und Bildungsbelange engagiert. Das von Theodor Bülau entworfene Gebäude diente zwischen 1859 und 1897 als Tagungsort der Hamburgischen Bürgerschaft. Ein steinerner Bienenkorb über dem Eingang symbolisiert die Losung der Gesellschaft: »Viele tragen Honig hinein – zum

ADAC *Mobil*

Hamburg wird **Fahrradstadt** – und per StadtRAD lässt sich die Hansestadt praktisch und günstig erkunden. Einmalig für 5 € registriert, kann man an über 200 Stationen ein rotes Stadtrad mieten. Die ersten 30 Min. sind umsonst, dann kostet es 8 Cent/Min. (6 Cent mit BahnCard) oder 12 € am Tag. Stationen gibt es in der Nähe fast aller Sehenswürdigkeiten. Infos: https://stadtrad.hamburg.de

Im Blickpunkt

Brücken und Fleete

Venedig hat 435 – und Hamburg über 2500. So viele Brücken sind nötig, um die Straßen der Stadt über die vielen Fleete und Wasserläufe zu führen. Denn Hamburg wird nicht nur von der Alster durchflossen, sondern auch von den Flüssen Wandse und Bille sowie von mehreren »bek« genannten Wasserläufen. Teils sind die Fleete ehemalige Alsterarme, teils seit dem 9. Jh. angelegte Stichkanäle für den Warentransport per Schiff und zur Entwässerung. Hinter vielen stattlichen Kaufmannshäusern gab es Warenlager und Fabrikationsstätten, die über die Fleete erreichbar waren. Da vielfach auch Abfälle hineingeworfen wurden, waren sie früher für ihren Gestank berüchtigt. Die Elbe hat an Hamburgs großer Brückenzahl nur einen winzigen Anteil: Es gibt genau sieben Brücken, die Norder- bzw. Süderelbe östlich des Hafens queren.

Wohle aller«. 1943 durch Bomben zerstört, wurde das Gebäude ab 1945 vereinfacht wieder aufgebaut. Seit 2012 stehen mehrere Bienenstöcke auf dem Dach, jährlich können 150 bis 200 kg Patriotenhonig geerntet werden.

■ Trostbrücke 4–6, www.patriotische-gesellschaft.de, U 3 Rathaus, U 3 Rödingsmarkt

Restaurants

€ | Urban Foodie Kreative, frische, gesunde Snacks und Gerichte in urbanem Ambiente. ■ Großer Burstah 1, Tel. 040/34 91 41 06, http://urban-foodie.de, Mo–Do 8–18, Fr 8–16, Sa 10–16 Uhr

6 Mahnmal St. Nikolai

Eine Kirchenruine als Mahnmal gegen Krieg und Gewaltherrschaft

■ U 3 Rödingsmarkt

■ Willy-Brandt-Str. 60, Tel. 040/37 11 25, www.mahnmal-st-nikolai.de, tgl. 10–17, Mai–Sept. bis 18 Uhr

Der Turm von St. Nikolai ist eines der zentralen Zeugnisse der Hamburger Stadtgeschichte. 1195 entstand am Hopfenmarkt eine Kapelle, später ersetzt durch eine Backsteinkirche, die beim Brand des Jahres 1842 zerstört wurde. Nach Plänen des britischen Architekten Sir Georg Gilbert Scott wurde 1846–1874 die Hauptkirche St. Nikolai als Basilika im neugotischen Stil errichtet. Im Sommer 1943 wurde St. Nikolai während der »Operation Gomorrha« durch alliierte Fliegerbomben weitgehend zerstört. Nur der Turm – mit 147 m bis 1877 das höchste Gebäude der Welt und heute der dritthöchste Kirchturm Deutschlands – blieb erhalten.

St. Nikolai fungiert als Gedenkstätte für die Opfer von Krieg und Gewaltherrschaft zwischen 1933 und 1945. 1978 wurde im Turmgeschoss das Kreuzigungsmosaik »Ecce homo« von Oskar Kokoschka angebracht, und 1991 erhielt der Turm ein Carillon aus 51 spielbaren Bronzeglocken. Seit 2005 fährt ein gläserner Lift zur Aussichtsebene in 76 m Höhe mit einer Ausstellung zu den Kriegszerstörungen der Hamburger

Innenstadt. Ein Dokumentationszentrum informiert über die Geschichte der Kirche und zeigt die Dauerausstellung »Gomorrha 1943 – Die Zerstörung Hamburgs im Luftkrieg«.

7 Neuer Wall

Internationale Marken und exklusives Shopping im Herzen der Stadt

- U/S Jungfernstieg
- Zwischen Stadthausbrücke und Jungfernstieg

Wenn Hanseaten früher gediegen einkaufen wollten, zog es sie hierher zum Neuen Wall. Die noble Einkaufsstraße bietet in historischen Kontorhäusern teils sehr traditionelle, teils internationale und überwiegend teure Geschäfte. Aufgrund exorbitanter Mietsteigerungen müssen allerdings immer mehr seit Jahrzehnten ansässige Läden aufgeben und werden durch Flagship-Stores weltbekannter Marken verdrängt. Viele Gebäude lohnen einen Blick auf die Fassaden, so etwa das Hildebrand-Haus (Nr. 18) mit seinen Marmor- und Jugendstildekorationen sowie das Görtz-Palais (Nr. 86) von 1710 mit barocker Fassade.

Gefällt Ihnen das?

Wenn Sie den historischen Charme der alten multifunktionalen Fachwerkhäuser am Fleet mögen, sollten Sie einen Abstecher zur **Deichstraße** und zum **Cremon** (S. 99) machen – dort sind ebenfalls schöne Ensembles Althamburger Bürgerhäuser mit Kontor und Lagerböden erhalten.

Sehenswert

Fleetinsel

| Insel |

Der südliche Teil der länglichen Insel zwischen Herrengraben- und Alsterfleet beherbergt in ehemaligen Geschäfts- und Lagerhäusern entlang der Admiralitätsstraße eine Vielzahl von

Die Terrassencafés und Stufen auf der Fleetinsel laden zum Verweilen ein

Die »Ammersbek« gehört zur Flotte der historischen Alsterdampfer

Künstlerateliers, Buchläden und Galerien, so die Produzentengalerie Hamburg (Nr. 71) und das Westwerk (Nr. 74). Von der Michaelisbrücke sieht man einige der zum Fleet weisenden Rückseiten der Lagerhäuser. Weiter nördlich ist die Fleetinsel neu bebaut. Hier finden das Duckstein-Festival und ein beliebter Weihnachtsmarkt statt.

Produzentengalerie Hamburg

| Galerie |

Eine der führenden Galerien für zeitgenössische Kunst in Deutschland mit Gruppen- und Einzelausstellungen. ■ Admiralitätsstr. 71, Tel. 040/37 82 32, www.produzentengalerie.com, Di–Fr 11–18, Sa 11–15 Uhr

Cafés

Erste Liebe Bar Frühstück, Mittagstisch, leckere Kuchen – drinnen oder draußen am Fleet. ■ Michaelisbrücke 3, Tel. 040/36 90 18 08, www.ersteliebebar.de, Mo–Fr 8–19, Sa 9.30–18 Uhr

Einkaufen

Ladage & Oelke 1845 gegründetes »englisches Kleidermagazin«, gediegener Herren- und Damenausstatter, eine Hamburger Institution. ■ Neuer Wall 11, Tel. 040/35 01 89 00, www.ladage-oelke.de, Mo–Fr 10–19, Sa 10–18 Uhr

8 Binnenalster

2 *Einzigartiges Alsterpanorama und noble Shoppingoptionen*

■ U/S Jungfernstieg

Anfangs war nicht die Elbe, sondern die Kleine Alster Hamburgs Lebensader. An einem ihrer Arme entstanden im 9. Jh. die Hammaburg und später der erste Hafen, und schon früh wurde der Fluss zu einem Mühlenteich aufgestaut. Jahrhundertelang nutzte man das Wasser als Antriebskraft, als Verkehrsweg und zum Brauen von Bier. Seit dem 17. Jh. teilen Brücken und Be-

festigungsanlagen das Gewässer in Binnen- und Außenalster.
Von der großen Freitreppe am Jungfernstieg hat man einen wunderbaren Blick auf die zentrale, 0,2 km² große Wasserfläche. Geschäftige Alsterdampfer fahren herum, und eine große Fontäne schickt Wasser in den Himmel. Am westlich gelegenen Neuen Jungfernstieg und am Ballindamm am Ostufer prägen stattliche Hausfassaden das Bild. Einmal im Jahr findet hier ein Triathlon statt – das Wasser ist für die Schwimmer sauber genug.

Sehenswert

Alsterpavillon

| Architektur |

Seit 1799 wurden hier sieben Mal Ausflugslokale errichtet, und stets waren diese Cafés sehr beliebt. Während der NS-Zeit fanden im Alsterpavillon bis zu seiner Zerstörung durch Bomben 1942 besonders bei Jugendlichen beliebte Konzerte mit verbotener Swing-Musik statt. Der heutige Alsterpavillon entstand 1952/53 im Rahmen der Internationalen Gartenbauausstellung nach Entwürfen von Ferdinand Streb.
■ Jungfernstieg 54

Jungfernstieg

| Promenade |

2 *Flaniermeile mit herrlichem Alsterblick und vielen Shoppingadressen*

Hamburgs klassische Flaniermeile: Vor den ansehnlichen Fassaden des Gutrufhauses von 1915 – in dem heute die Apple-Jünger ihre Hightechgeräte bewundern – und dem Alsterhaus mit seiner zurückgenommenen Jugendstilfassade flanierte einst die bürgerliche Gesellschaft der Stadt. Heute wird die Straße gern für den Shoppingbummel genutzt – der Hamburger Hof, 1881–1883 als Hotel erbaut, ist eine beliebte Einkaufspassage. Im ehemaligen Streit's Haus, dem bis vor Kurzem schönsten Kino der Stadt, lockt ein schwedischer Gemischtwarenladen sein Publikum an – eine vielversprechende Entwicklung angesichts der Konkurrenz des Online-Handels.

Restaurants

€€€ | **Vlet an der Alster** Original Hamburger Küche auf Sterne-Niveau. ■ Jungfernstieg 7, Tel. 040/35 01 89 90, www.vlet-alster.de, Mo–Fr 11–24, Sa, So 10–24 Uhr

Einkaufen

Alsterhaus Hamburgs nobelstes Kaufhaus hat sich zu einem Showcase internationaler Marken entwickelt – mit hochprofessioneller Fachbedienung, auch in den weiteren vier Etagen mit bodenständigeren Abteilungen. ■ Jungfernstieg 16–20, Tel. 040/35 90 10, www.alsterhaus.de, Mo–Sa 10–20 Uhr

9 Gänsemarkt

Hamburgs historisches Zentrum für Kultur und Kommerz

■ U 2 Gänsemarkt, U 1 Stephansplatz

Seit etwa 1600 bebaut, wurde der Gänsemarkt schnell zum Mittelpunkt hamburgischer Unterhaltung: 1678 eröffnete hier das Stadttheater, mit 2000 Plätzen größtes privates Opernhaus Deutschlands. Es wurde 1722 bis 1738 von Georg Philipp Telemann geleitet. 1767 startete im selben Gebäude das Hamburger Nationaltheater. Als Dramaturg fungierte bis zur Pleite 1769 Gotthold Ephraim Lessing. Die darstellende Kunst sollte dem Viertel verbunden bleiben: Nur einen Steinwurf entfernt lockt die Oper seit 1826/27 Kulturfreunde an. Das einfache Volk vergnügte sich von 1805 bis 1881 auf dem damals nur zur Weihnachtszeit veranstalteten Jahrmarkt Hamburger Dom. Und im Bereich der Gasse Kalkhof etablierte sich ein Bordellviertel.

Der Gänsemarkt ist heute das Zentrum einer vielseitigen Geschäftswelt mit unterschiedlichsten Läden von altehrwürdigen Uhrmachern bis zu trendigen Boutiquen. Die Stadtbäckerei im Haus Nr. 44 wurde bereits 1650 an dieser Stelle begründet. Seit 1979 stellt die dreistöckige Gänsehofpassage als Einkaufszentrum eine Verbindung zu den Colonnaden her.

Sehenswert

Finanzbehörde

| **Architektur** |

Im Haus Gänsemarkt 36 – einem vom Hamburger Baumeister Fritz Schumacher entworfenen, 1919–1926 im Kontorhausstil errichteten Stahlbeton-Skelettbau – hat die Finanzbehörde der Hansestadt ihren Sitz. Die beiden obersten Staffelgeschosse erinnern an das berühmte Chilehaus (S. 72). Die dunkle Klinkerfassade zieren Skulpturen und Reliefs mit maritimen Motiven, die Keramikverkleidung der Eingangshalle stammt vom Hamburger Bildhauer Richard Kuöhl.

Auf der gegenüberliegenden Straßenseite am Valentinskamp Ecke Dammtorstraße erhebt sich mit markant abgerundeter Ecke und drei Staffelgeschossen das 1929 ebenfalls aus dunklem Klinker erbaute Deutschlandhaus. Damals wurde hier der UFA-Palast betrieben, das mit 2667 Plätzen größte Kino Europas.

■ Gänsemarkt 36

Lessingdenkmal

| **Denkmal** |

Zum 100. Todestag ehrte die Hansestadt Gotthold Ephraim Lessing mit einem von Fritz Schaper entworfenen Denkmal an der Stätte seines Wirkens in Hamburg. 1943 bei einem Bombenangriff stark beschädigt, wurde es auf dem nahen Heiligengeistfeld vergraben, 1955 restauriert und wieder auf dem Gänsemarkt aufgerichtet. Den Sockel ziert ein Porträt des Schauspielers Conrad Ekhof, mit dem Lessing eng zusammengearbeitet hat.

■ Gänsemarkt

Colonnaden

| **Promenade** |

Die 1876/77 angelegte Privatstraße ist von noblen Wohnhäusern der damaligen besseren Gesellschaft gesäumt. Die Architektenbrüder Ernst und Carl Wex errichteten die Häuser im Stil der Neorenaissance an der Ostseite auf Arkaden, um den Wohnraum darüber zu vergrößern. Die Colonnaden sind von teils schicken, teils ausgefallenen Geschäften, Restaurants und Cafés gesäumt und bilden eine Flaniermeile zum Schauen und Entspannen.

Hamburgische Staatsoper

| **Opernhaus** |

Die Staatsoper von 1955 steht an historischer Stätte. Kunstdarbietungen gibt es hier seit 1826/27, das Haus wurde mehrfach umgestaltet und erweitert. 1943 zerstört, wurde es von G. Weber wieder aufgebaut und fasziniert bis heute durch seine zeitgenössische

Gründerzeitliche Gebäudeensembles säumen die Fußgängerzone Colonnaden

transparente Fassade. Es verfügt über 1690 Sitzplätze. Seiner hohen künstlerischen Qualität verdankt das Haus seinen Ruf als eine der angesehensten Opern Europas. Auch das Philharmonische Staatsorchester Hamburg und das Hamburg Ballett sind hier beheimatet.

■ Große Theaterstr. 25, Tel. 040/35 68 68, www.staatsoper-hamburg.de

Passagen

| Einkaufszentren |

Alte Post, Hamburger Hof, Hanse-Viertel, Galleria Hamburg, Bleichenhof: In der Innenstadt zwischen Große Bleichen, Hohe Bleichen, Poststraße und ABC-Straße finden sich Hamburgs schickste Einkaufsparadiese. Inhabergeführte Geschäfte, Outlets großer Ketten, teure Boutiquen: Hier trifft man auf alle namhaften Marken und Label, aber auch kleine Läden mit ungewöhnlichen Produkten.

10 Gängeviertel

Vom baufälligen Arbeiterviertel zum alternativen Kulturprojekt

■ U 2 Gänsemarkt

■ Zwischen Caffamacherreihe und Valentinskamp

Eng bebaute Arbeiterviertel gab es in Hamburg viele – und fast alle wurden längst abgerissen. Am Bäckerbreitergang ist nachvollziehbar, wie schmal die Gassen hier einst waren und wie stark die Häuser belegt: Die restaurierten Fachwerkgebäude aus dem 18. und 19. Jh. (Nr. 49–58) haben drei nebeneinander liegende Türen, die zu den engen Wohnquartieren in beiden Stockwerken führten. Oft lebten große Familien in einem einzigen Raum. Das Haus Nr. 49/50 aus dem 17. Jh. ist das älteste erhaltene Haus der Neustadt.

Entlang des Valentinkamps führen mehrere Toreingänge auf die Innenhöfe größerer Häuser. Bevor sie abgerissen werden konnten, richteten hier Künstler Ateliers ein und sorgten für den Erhalt des Viertels mit noch bezahlbaren Mieten. Die Stadt kaufte den Komplex vom Investor zurück, jetzt finden hier regelmäßig Ausstellungen, Konzerte und Lesungen statt.

■ Infoladen: Valentinskamp 34, www.das-gaengeviertel.info, Mo–Fr 11–15 Uhr

Sehenswert

Laeiszhalle

| Konzerthaus |

Martin Haller und Emil Meerwein entwarfen die 1904–1908 erbaute Konzerthalle mit neubarocken Stilformen, gestiftet vom Reeder Carl H. Laeisz und seiner Ehefrau Sophie. Das damals größte und modernste Konzerthaus Deutschlands bietet im großen Saal 1897, im kleinen 610 Sitzplätze. Im Obergeschoss ist ein Brahms-Denkmal von Max Klingner (1909) zu sehen. Der Platz heißt seit 1997 nach Johannes Brahms (1833–1897), der in der Speckstraße im nahen Gängeviertel aufwuchs.

Die Bronzeskulptur »Hommage an Brahms« von Maria Pirwitz und Thomas Darbovens Granitblock mit vier Porträts des Künstlers (»Brahms-Monument«) entstanden 1981.

■ Johannes-Brahms-Platz

Brahms Kontor

| Architektur |

Das 1904 von den Architekten Lundt und Kallmorgen erbaute Kontorhaus war dank seiner 1929–1931 erfolgten Aufstockung einst Hamburgs höchstes Gebäude. Es ist ringsum mit Figuren – dem Elefanten Ferdinand am Pilatuspool und Jünglingsfiguren am Holstenwall – sowie Wappen und Intarsien unter den Arkaden zum Brahms-Platz verziert. Helmut Schmidt koordinierte von hier aus die Rettungsmaßnahmen bei der verheerenden Sturmflut des Februar 1962.

Die Wallanlagen zwischen Millerntor und Dammtor sind Teil von Planten un Blomen

■ Johannes-Brahms-Platz 1, www.brahms-kontor.de

Restaurants

€ | **Feld's Salat** Frühstück von Müsli bis Stulle, außerdem frische, aus 25 Zutaten nach Wunsch kombinierte Salate sowie Suppen und Süßes. ■ Poolstr. 34, Tel. 040/30 77 31 50, http://felds-salat.de, Mo–Fr 8.30–16 Uhr

€€ | **Marblau** Restaurant und Brasserie mit mediterran inspirierter Küche. ■ Poolstr. 21, Tel. 040/226 16 15 55, www.marblau.de, Mo–Fr 11.30–15, 17–24, Sa 17–24, So 12.30–24 Uhr

11 Wallanlagen

Auf den Spuren der mittelalterlichen Stadtgeschichte spazieren gehen

■ S Dammtor, U 2 Stephansplatz, U 2 Messehallen, U 3 St. Pauli
■ Parken siehe S. 84

Straßennamen erzählen Stadtgeschichte: Klosterwall, Steintorwall, Glockengießerwall, Gorch-Fock-Wall und Holstenwall folgen jener mittelalterlichen Wallanlage, die Johan van Valckenburgh 1616–1625 als 7 m hohen Befestigungsring um den damaligen Stadtkern anlegen ließ. Die Namen Deichtor, Klostertor, Steintor, Dammtor und Millerntor ergänzen die Geschichte, sind aber spurlos verschwunden.
22 mit Kanonen bestückte Bastionen schützten die Stadt bereits im Dreißigjährigen Krieg. Mit dem Einzug der Franzosen um 1806 erneuert, begann schon ab dem Jahr 1814 die Umwandlung der Wallanlagen in eine Parkanlage – von den Mauern und Bastionen blieb nichts erhalten. Der als Grüngürtel gestaltete Westteil der Anlage wurde um den ehemaligen Botanischen Garten und um den 1861 von Alfred Brehm gegründeten Zoologischen Garten erweitert.

Sehenswert

Sievekingplatz

| **Architektur** |

Drei gründerzeitliche Gebäuderiegel rahmen den nach Oberlandesgerichtspräsidenten Ernst Friedrich Sieveking benannten Platz. Er bildet das Hamburger Justizforum. Nördlich befindet sich das Strafjustizgebäude (Carl Johann Christian Zimmermann, 1879–1892), südlich das Ziviljustizgebäude (C. J. Chr. Zimmermann, 1898–1903, Erweiterung 1928–1930 durch Fritz Schumacher) und zentral der Kuppelbau des Hanseatischen Oberlandesgerichts (Lundt & Kallmorgen, 1907–1912).
Außer einem Reiterdenkmal mit Kaiser Wilhelm I. und einem Brunnen mit figürlichen Versinnbildlichungen von Industrie und Handel sowie der Hansestädte Hamburg, Lübeck und Bremen gibt es seit 1997 ein künstlerisches Mahnmal für die Justizopfer des Nationalsozialismus von Gloria Friedmann.

Komponistenquartier

| **Museum** |

3 *Vier kleine Museen zollen großen Hamburger Komponisten Respekt*

In rekonstruierten historischen Bürger- und Kaufmannshäusern des 17. und 18. Jh. machen Ausstellungen mit Leben und Werk von Komponisten und Musikern vom Barock bis zur frühen Moderne bekannt: Die Präsentationen für Georg Friedrich Telemann (1681–1767), Johann Adolf Hasse (1699–1783, Komponist), Carl Philipp Emanuel Bach

Das Brahms-Museum liegt unweit des Geburtshauses des Komponisten

(1714–1788, Musikdirektor der Hamburger Hauptkirchen und Sohn Johann Sebastian Bachs) und Johannes Brahms (1833–1897) wurden 2018 um Ausstellungen zu Fanny und Moritz Mendelssohn und Gustav Mahler ergänzt. Die Gebäude – Rekonstruktionen historischer Vorbilder sowie das instandgesetzte Beylingstift (Nr. 39) von 1751 – ließ der Mäzen Carl Friedrich Toepfer zwischen 1966 und 1982 errichten, um die Erinnerung an das Aussehen Hamburgs im 18. Jh. wachzuhalten. In der Neanderstraße befinden sich weitere Häuser im historischen Stil.

■ Peterstr. 29–39, U 3 St. Pauli, S 3 Stadthausbrücke, www.komponistenquartier.de, Di–So 10–17 Uhr, 7 €, erm. 5 €

Museum für Hamburgische Geschichte

| Museum |

4 *Vielfältige Exponate und Dioramen zur Geschichte der Hansestadt*

Zwei Stockwerke in dem 1913–1922 von Fritz Schumacher erbauten Backsteingebäude sind Hamburg im 20. Jh. mit seinen grundlegenden Umwälzungen und Veränderungen gewidmet – Krieg und Zerstörung, NS-Zeit, Wiederaufbau und Wirtschaftswunder sowie Hamburgs Aufbruch ins 21. Jh. sind die Themen. Andere Abteilungen dokumentieren das Heranwachsen der Stadt, den Großen Brand von 1842, den Überseehandel, Auswanderung und jüdisches Leben. Beliebt ist eine große Modelleisenbahn (Di–So 11, 12, 14, 15 Uhr).

■ Holstenwall 24, U 3 St. Pauli, Tel. 040/428 13 21 00, www.hamburgmuseum.de, Mo, Mi–Fr 10–17, Sa, So 10–18 Uhr, 9,50 €, erm. 6 €, unter 18 Jahren frei

P Parken

Parkgarage am Lindner Hotel Am Michel (Neanderstr. 20), entlang der Glacischaussee und gebührenpflichtig auf dem Heiligengeistfeld.

Restaurants

€ | **Kleinhuis' Café & Weinstube im Komponistenquartier** Frühstück, deftige und Hamburger Gerichte, frische Kuchen. ■ Neanderstr. 27, Tel. 040/35 33 66, www.kleinhuis-weinstube.de, Di, So 10–17, Mi–Sa 10–22.30 Uhr

€€ | **Fees Restaurant** Frühstück und anspruchsvolle Gerichte im Lichthof-Ambiente des Museums für Hamburgische Geschichte. ■ Holstenwall 24, Tel. 040/35 31 32, www.fees-hamburg.de, Di–Sa 10–17, So 10–18 Uhr

Am Abend

Im Zentrum Hamburgs findet sich eine breite Palette an Theatern, Konzertsälen und Abendlokalen, die ihre Klientel unter Kulturbeflissenen, Stadttouristen und Geschäftsreisenden finden. Hier treffen sich Menschen unterschiedlichster Herkunft, die sowohl anspruchsvolle Unterhaltung als auch einen schönen Abend in gediegener, aber nicht teurer Gastronomie verbringen wollen. Entsprechend breit ist das Spektrum der Angebote und Stile. Und: Dem hohen Wettbewerbsdruck ist zu verdanken, dass durchweg eine hohe Qualität erwartet werden kann.

Bühne

Engelsaal Das Privattheater mit 200-jähriger Geschichte bietet ein turbulentes und unterhaltsames Spektrum aus Operette und Musikrevue in einem stilvollen Saal. ■ Valentinskamp 40–42, Tel. 040/88 30 77 33, www.engelsaal.de

Kellertheater Hamburg 100 Mitglieder und zwölf Regisseure sorgen für das anspruchsvolle Programm dieses Amateurtheaters mit zwei bis vier Vorstellungen pro Woche und rund 15 Inszenierungen pro Jahr. Es ist im Brahms Kontor untergebracht. ■ Johannes-Brahms-Platz 1, Tel. 040/84 56 52, www.kellertheater.de

Thalia Theater Hamburgs zweite bedeutende Bühne für hochkarätiges Schauspiel von etabliert bis experimentell für rund 1000 Zuschauer. Intendant ist seit 2009 Joachim Lux. ■ Alstertor 1, Tel. 040/32 81 44 44, www.thalia-theater.de

Konzert

Hamburgische Staatsoper Sie gehört zu den renommiertesten Opernhäusern der Welt und beherbergt auch das Philharmonische Staatsorchester Hamburg und das Hamburg Ballett – klassische Stücke und mutige Neuinszenierungen prägen das niveauvolle Programm. ■ Große Theaterstr. 25, Tel. 040/40 35 68 68, www.staatsoper-hamburg.de

Laeiszhalle In den wunderschönen Sälen der neubarocken Konzerthalle gastieren Ensembles, Bands und Solisten von Klassik über Chanson bis Weltmusik. ■ Johannes-Brahms-Platz, Tel. 040/403 57 66 62 11, www.elbphilharmonie.de/de/laeiszhalle

Kneipen, Bars und Clubs

Cascadas Live-Club Mit Latino-Flair und einem breiten Party- und Veranstaltungsprogramm mitten in der City. ■ Ferdinandstr. 12, www.cascadas.club, tgl. ab 20 Uhr

Ciu' Beliebte Cocktailbar an der Binnenalster – Treff der Young Urban Professionals mit hohen Räumen und einem mehrere Meter hohen Flaschenregal. ■ Ballindamm 14–15, Tel. 040/32 52 60 60, www.ciudiebar.de, Mo–Sa 16–2.30, So 18–2.30 Uhr

Cotton Club Hamburgs ältester Jazzkeller lockt mit vielen Livekonzerten namhafter Künstler und Bands. ■ Alter Steinweg 10, Tel. 040/34 38 78, www.cotton-club.de, Mo–Do 20–24, Fr, Sa 20–0.30, So 11–14.30 Uhr

Die Bank Sehr noble Brasserie mit anspruchsvoller Bar: Cocktails, erlesene Weine, hochkarätige Spirituosen – am besten kommt man erst nach 22 Uhr. ■ Hohe Bleichen 17, Tel. 040/238 00 30, www.diebank-brasserie.de, Bar Mo–Sa ab 11.30 Uhr

Jahreszeiten Bar Zweistöckige, preisgekrönte Bar mit sehr breitem Angebot an Drinks und Cocktails und einem tollen Barservice. ■ Fairmont Hotel Vier Jahreszeiten, Neuer Jungfernstieg 9–14, Tel. 040/349 40, www.fairmont.de, tgl. 12–1 Uhr

Klimperkiste Urige, gemütliche und günstige Bar mit Studentenkneipen-Ambiente und breitem Getränkeangebot. Dazu gibt's kleine Gerichte. ■ Esplanade 18, Tel. 040/34 63 50, www.klimperkiste.com, Mo–Mi 16–4, Do, Fr 16–6, Sa 15–6, So 18–4 Uhr

Le Lion – Bar de Paris Gemütliches Ambiente, ausgefallene, aber erlesene Cocktails und Drinks, dazu entspannter Jazz und Soul. ■ Rathausstr. 3, Tel. 040/334 75 37 80, www.lelion.net, Mo–Sa 18–3, So 18–1 Uhr

Meyer Lansky's Beliebter After-Work-Treff – drinnen Lounge-Charakter, draußen im Sommer mit Stehtischen auf der Straße. Besonderes Highlight: die von DJs präsentierte Musik. ■ Gänsemarkt 36, Tel. 040/35 71 31 75, www.meyer-lanskys.com, Mo–Do 16–3, Fr, Sa 16–5, So 18–3 Uhr

Mickey's Schmales Handtuch Urige, gemütliche Cocktailbar, Spezialität des Hauses sind Caipirinhas. Es darf geraucht werden. ■ Großneumarkt 56, Tel. 040/358 98 61, www.schmales-handtuch.de, tgl. 17–4 Uhr

Nachtasyl 100 Stufen über dem Thalia Theater liegt diese stilvolle Bar mit ausgewählter Getränkekarte und tollem Blick auf die nächtliche Stadt. ■ Alstertor 1, Tel. 040/32 81 42 07, www.thalia-theater.de

Nox Bar Gekonnt gemixte Cocktails, serviert auf der Terrasse am Alsterfleet oder in der Lounge. ■ Bleichenbrücke 9, Tel. 040/35 01 56 36, www.nox-bar.de, Mo–Sa 12–1 Uhr

Paddy's Bar Guinness, Whiskey, gemütliche Kneipenatmosphäre – irischer wird es in ganz Hamburg kaum. ■ Schauenburgerstr. 40, Tel. 040/238 26 54, www.paddysbar-hamburg.com, Mo–Do 15–1, Fr–So 15–4 Uhr

Rheinische Republik Rustikale, stimmungsvolle Kneipe mit deftiger Kost, in der rheinische Biere unter Politikerporträts serviert werden. ■ Stadthausbrücke 1–3, Tel. 040/36 00 60 01, www.rheinische-republik.de, tgl. 12–1 Uhr

Kinos

Metropolis Mekka für Filmfans mit Arthouse-Movies, Autorenfilmen, Dokumentationen, exzellent kuratierten Reihen und aktuellen Produktionen. ■ Kleine Theaterstr. 10, Tel. 040/34 23 53, www.metropoliskino.de

Passage Über 100 Jahre altes Kino mit herrlichem Art-déco-Foyer und anspruchsvollem Programm aus Kinoklassikern und neuen Produktionen. ■ Mönckebergstr. 17, Tel. 040/468 66 86 28, www.das-passage.de

Casinos

Casino Esplanade Poker, Black Jack, Roulette – hier versucht man sein Geschick und sein Glück oder entspannt sich an der Bar und in der Lounge. ■ Stephansplatz 10, Tel. 040/334 73 34 01, www.spielbank-hamburg.de, tgl. 15–4, Automaten ab 12 Uhr, 2 €, Eintritt ab 18 Jahren

Übernachten

Wer geschäftlich in Hamburg ist, hat meist in der Innenstadt zu tun – entsprechend groß ist dort das Übernachtungsangebot. Es reicht von einfach und sauber bis zu exklusiv und luxuriös – auf jeden Fall findet man stets ein passendes Haus, in dem man sich während des Hamburg-Besuchs wohlfühlt, das günstig gelegen und gastfreundlich ist. Adressen an Alster oder Hafen sind natürlich teuer, doch schon ein paar Straßen weiter entfernt findet man eine vergleichbare Qualität für deutlich weniger Geld.

€

Hotel Garni Bei der Esplanade Schlichtes, etwas ältliches Haus in zentraler Lage. Die 17 Zimmer bieten einen einfachen Komfort. ■ Colonnaden 45, Tel. 040/35 50 11 70

Hotel Michaelis Hof in der Katholischen Akademie Einfache Zimmer zu sehr günstigen Preisen zentral in in der Innenstadt gelegen. ■ Herrengraben 4, Tel. 040/35 90 69 12, www.michaelishof-hamburg.de

Prizeotel Hamburg Modern designtes, junges Hotel in der Nähe des Hauptbahnhofs. ■ Högerdamm 28, Tel. 040/63 79 96 66, www.prizeotel.com

€€

Frauenhotel Hanseatin Zentral im Gängeviertel ist ein stilvolles Hotel in zwei denkmalgeschützten Häusern untergebracht – nur für Frauen. ■ Dragonerstall 11, Tel. 040/34 13 45, www.hotel-hanseatin.de

Hotel Alster-Hof Modernes Stadthotel mit allem nötigen Komfort und großem Frühstücksbüfett, außerdem können Gäste den Fitnessraum, die Sauna sowie den Wintergarten nutzen. ■ Esplanade 12, Tel. 040/35 00 70, www.alster-hof.de

Hotel Bellevue Direkt an der Außenalster befindet sich dieses Haus mit sehr viel Charme und Komfort. ■ An der Alster 14, Tel. 040/28 44 40, www.relexa-hotel-hamburg.de

Novum Hotel Am Holstenwall Zentral gelegenes Haus, komfortable Zimmer, großes Frühstücksbüfett. ■ Holstenwall 19, Tel. 040/600 80 80, www.novum-hotels.com

Scandic Emporio Modernes, komfortables, sehr ökologisch ausgerichtetes Hotel mit Einrichtung aus Naturmaterialien. ■ Dammtorwall 19, Tel. 040/432 18 70, www.scandichotels.de

€€€

Lindner Hotel am Michel Komfortables, zentral gelegenes City-Hotel mit allen Annehmlichkeiten und einem großen Wellnessbereich mit Sauna und Dampfbad. ■ Neanderstr. 20, Tel. 040/403 07 06 70, www.lindner.de/hamburg-hotel-am-michel

Renaissance Hamburg Nobles First-Class-Hotel im Hanse-Viertel inmitten der Einkaufspassagen der Innenstadt. ■ Große Bleichen, Tel. 040/34 91 80, www.marriott.de

Side Das stylische Designerhotel nahe der Binnenalster bietet neben komfortablen Zimmern eine tolle Dachterrasse. Mit Lounge und Spa. ■ Drehbahn 49, Tel. 040/30 99 90, www.side-hotel.de

Vom Maritimen Museum bis zum Fischmarkt

Von der Speicherstadt über die Landungsbrücken bis zum Fischmarkt ist Hamburgs Gesicht vom Arbeiten und Wirtschaften am Fluss geprägt

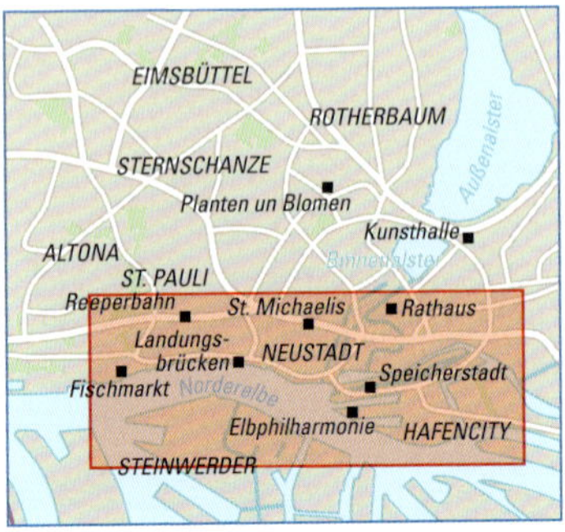

Nirgends lässt sich Hamburgs maritimer Charakter lebendiger erleben als zwischen Speicherstadt und Fischmarkt. Schifffahrt und Seetransport sind unverrückbare Teile der Stadtidentität geworden und prägen sie nachhaltig. Vieles vom Leben am Fluss und von den Reisen und Transporten auf den Weltmeeren zeigt sich sehr anschaulich – vom Lagerhauskomplex der Speicherstadt über die früheren Hafenbecken der HafenCity bis zu den letzten Repräsentanten der Frachtsegler und der Stückgutfrachter. »Rickmer Rickmers« und »Cap San Diego« wecken Fernweh und vermitteln eine Vorstellung davon, dass die Fahrten über Meere und Ozeane harte Arbeit und allgegenwärtige Gefahr gewesen sind. Elbabwärts wehen die Fahnen vieler Reedereien auf den Häusern, im Portugiesenviertel ist ein südlicher Lebensstil spürbar, und an den Landungsbrücken dürften Millionen Menschen einen Anflug von Wehmut verspürt haben, als sie von hier auswanderten. Der Fischmarkt ist lebendig gebliebene Reminiszenz an die Tradition, auf Elbe und Nordsee auf Fang auszufahren und den Reichtum der See heimzubringen.

In diesem Kapitel:

ADAC Top Tipps:

3 Speicherstadt
| **Architektur** |
Der einst weltgrößte Lagerhauskomplex aus Backstein verzaubert seine Besucher mit märchenhaften Erkern, Türmchen und Giebeln. 95

4 Elbphilharmonie
| **Konzerthaus** |
Auf dem historischen backsteinernen Speicher gibt das blausilber verglaste

Konzerthaus dem Hafenrand eine attraktive surreale Note. 98

5 St. Michaelis
| Kirche |

Das barocke, die Stadtsilhouette prägende Gotteshaus fasziniert mit riesigen Dimensionen und seinen Kunstwerken im Inneren. Vom Turm aus kann man eines der schönsten Hafenpanoramen erleben. 100

6 Fischmarkt
| Markt |

Sprotten und Klamotten, Bratwurst und Bananen – der sonntägliche Markt ist bei Einheimischen und Gästen gleichermaßen beliebt. Frühaufsteher werden mit turbulenten und amüsanten Eindrücken belohnt. 105

ADAC Empfehlungen:

5 Oberhafen-Kantine
| Restaurant |

Deftige norddeutsche Kulinarik von Aalsuppe über Pannfisch bis Zander, serviert in der letzten originalen Kaffeeklappe des Hafens. 93

6 MiniaturWunderland
| Ausstellung |

Hunderte Modelleisenbahnen fahren durch Nachbildungen berühmter Länder und Städte der Welt. 96

7 Internationales Maritimes Museum
| Museum |

Riesige Sammlung mit Modellen, Bildern und Exponaten zur Schifffahrtsgeschichte aus aller Welt. 97

8 Alter Elbtunnel
| Architektur |

Tief unter der Elbe versteckt sich ein über 100 Jahre alter skurriler Verkehrsweg mit zwei Tunnelröhren. 104

9 Fischereihafen Restaurant
| Restaurant |

Stilvoll-gediegenes Spezialitätenrestaurant – Hamburgs nobelste Adresse für erstklassiges Seafood. 107

12 HafenCity

Hamburgs Modell urbaner Zukunft

Das Unilever-Haus in der HafenCity hat auch innen einen futuristischen Charakter

i Information

■ HafenCity-Infocenter im Kesselhaus, Am Sandtorkai 30, U 3 Baumwall, Tel. 040/ 36 90 17 99, www.hafencity.de, Di–So 10–18 Uhr, Führungen So 15, Mai–Sept. Do 18.30 Uhr, Eintritt frei

Seit dem Jahr 1997 wird mit dem Bau der HafenCity an der Norderelbe eine der umfassendsten städtebaulichen Umgestaltungen Europas realisiert. Auf teils leerstehenden, teils geräumten ehemaligen Gewerbeflächen entsteht an den aufgegebenen Hafenbecken von Sandtorhafen, Grasbrookhafen, Baakenhafen und Brooktorhafen ein gänzlich neues, 157 ha großes Quartier, das das nördliche Elbufer für die städtische Nutzung zurückgewinnen und die Dimensionen urbaner Zukunftskonzepte zeigen soll. Anfänglich entstanden teils luxuriöse, teils futuristische Gebäude am Sandtorhafen. Die relativ strenge Bauordnung sorgt für eine Homogenität der Bebauung. Die Hafenbecken und viele Freiflächen wie die Marco-Polo- oder Vasco-da-Gama-Terrassen lockern das Quartier auf. Mehrere große Unternehmen siedelten sich an, die HafenCity Universität entstand, ein Kreuzfahrtterminal, eine Shoppingmall und ein Wissenschaftsmuseum sind geplant.

Plan S. 92

a Traditionsschiffhafen

| Museumsschiffe |

Maritime Kontraste: Auf 380 m Länge sind zu Füßen futuristischer Häuser am Sandtorkai, Hamburgs ältester Kaimauer von 1866, 20 bis 25 historische Schiffe aller Art zu bestaunen – vom Fischerewer über Schlepper bis zu Feuerlöschbooten und schwimmendem Arbeitsgerät. Auf dem Kaiserkai am Südufer des Hafens erheben sich drei originale Stückgutkräne.

■ Am Sandtorkai, Ponton 5a, U 3 Baumwall, Maritime Circle Line, Tel. 0176/82 09 90 70, www.sandtorhafen.de, Hafenmeisterbüro Mai–Okt. 10–18, Nov.–April 10–15 Uhr

b Marco-Polo-Tower und Unilever-Haus

| Architektur |

Auf einer Landzunge des Strandkais zwischen Norderelbe und Grasbrookhafen steht seit 2009 der 17-stöckige Marco-Polo-Tower, eines der prägnantesten Gebäude der HafenCity. Jedes der ersten zwölf Stockwerke des vom Stuttgarter Büro Behnisch Architekten entworfenen Wohnturms nimmt gegenüber dem darunterliegenden in der Größe zu, ist um ein paar Grad verdreht und beschattet so die darunterliegenden balkonartigen Terrassen. Das 55 m hohe Gebäude mit 58 Wohnungen verfügt über modernste Techniken der Klimatisierung und Energienutzung.
Als Ensemble einer futuristischen Bauweise entwarfen die Architekten auch die benachbarte sechsstöckige Deutschlandzentrale des Unilever-Konzerns. Zentrum des nach allen Grundsätzen der Nachhaltigkeit konstruierten Gebäudes ist ein öffentlich zugängliches Atrium mit Läden und einem Café. Jeden Samstag findet in dem mehrfach mit Architekturpreisen

ADAC *Mobil*

Die **HafenCity** ist gut mit der U 1 (Meßberg), U 3 (Baumwall) oder der U 4 (HafenCity Universität) erreichbar und lässt sich am besten zu Fuß erkunden. Parken ist im Parkhaus Elbarkaden, Hongkongstr. 6 a, Parkhaus Überseequartier, Überseeallee 3, Parkhaus Speicherstadt, Am Sandtorkai (jeweils gebührenpflichtig) möglich.

ausgezeichneten Geschäftshaus ein Der.Die.Sein-Markt mit Schwerpunkt Design statt (11–18 Uhr, Eintritt frei).

■ Am Strandkai 1, U 4 Überseequartier

c Lighthouse Baakenhöft

| Architektur |

Der futuristische Wohnturm im Stil einer fliegenden Untertasse auf einem Betonschaft bietet in 20 m Höhe eine Wohnfläche von 280 m² und einen unvergleichlichen Rundumblick. Auf dem Dach wurde Raum für einen Garten und Solarkollektoren geschaffen. Der Prototyp darf hier bis 2020 stehen und ist nicht dauerhaft bewohnt.

■ Spitze der Baakenhöft-Landzunge, U 4 HafenCity Universität

d Automuseum Prototyp

| Museum |

Das private Automuseum zeigt 45 erlesene Sportwagen bzw. andere spannende Fahrzeuge als Dauerexponate sowie thematische Sonderausstellungen. Es präsentiert auch die Menschen, die Automobilentwicklung und Motorsport geprägt haben. Spannend der Fahrsimulator im alten Porsche 356.

■ Shanghaiallee 7, U 4 HafenCity Universität, Tel. 040/39 99 69 70, www.prototyp-hamburg.de, Di–So 10–18 Uhr, 10 €, Kinder bis 14 Jahre 4,50 €, Familien 22 €

Gefällt Ihnen das?

Wenn Sie sich für die futuristische Architektur des Lighthouse Baakenhöft interessieren, sollten Sie auch das Bürogebäude **Dockland** (S. 107) an der Großen Elbstraße in Altona besuchen. Es ragt wie ein Schiffsbug über die Elbe. Ebenfalls wie ein Schiffsbug geformt ist das neue **Holiday Inn** in der City Nord am Stadtpark (S. 157).

e Überseequartier

| Architektur |

Das Überseequartier bildet einen die HafenCity nach Osten abschließenden Nord-Süd-Riegel. Charakteristisch ist eine vielfältige Mischung von Wohnen, Arbeiten und Einkaufen in kleinteilig

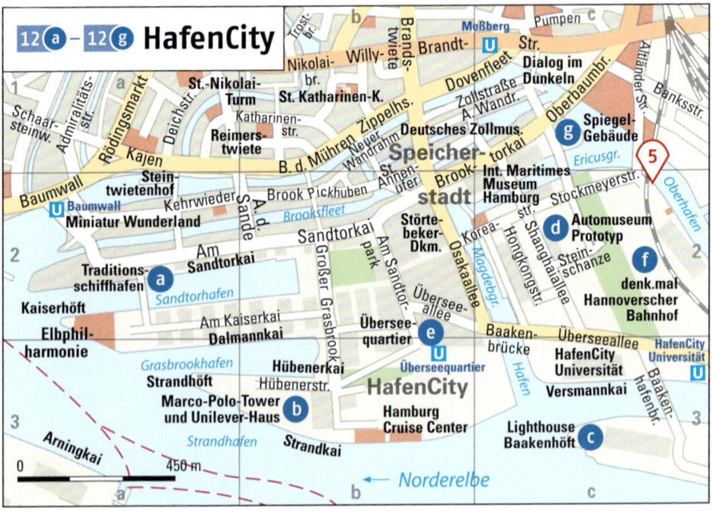

Der Überseeboulevard durchzieht das Überseequartier von Norden nach Süden

konzipierten Gebäuden. Die Planung stammt u.a. von den renommierten Architekten Rem Koolhaas und Erick van Egeraat. Der Bau eines Wissenschaftsmuseums sowie einer sehr groß dimensionierten Shoppingmall am Südende sind noch im Ideenstadium.

■ U 4 Überseequartier

f denk.mal Hannoverscher Bahnhof

| Mahnmal |

Vom einstigen Hannoverschen Bahnhof – heute der Lohse-Park – wurden zwischen 1940 und 1945 mehr als 8000 Juden, Sinti, Roma und andere vom NS-Regime verfolgte Menschen in die Ghettos, Konzentrations- und Vernichtungslager im Osten deportiert. Ein ins Nichts führendes Gleisrudiment und tischartige Flächen mit den Namen der bekannten Opfer erinnern seit Mai 2017 an diesen bedeutenden Ort des Holocaust. Der Gedenkort wird bis 2020 um weitere Elemente ausgebaut. Im Info-Pavillon ist ein Teil der Ausstellung »In den Tod geschickt – die Deportationen von Juden, Roma und Sinti aus Hamburg 1940–1945« zu sehen.

■ Info-Pavillon am Lohseplatz, U 4 HafenCity Universität, http://hannoverscher-bahnhof.hamburg.de, April–Sept. Mi–So 10–18 Uhr, Eintritt frei

g Spiegel-Gebäude

| Architektur |

Seit 2011 dominiert der vom Kopenhagener Büro Henning Larsen Architects entworfene Bau die Ericusspitze. Innen wie ein Atriumhaus konstruiert, verbinden mehrere Brücken und Galerien die Büros für 1100 Mitarbeiter von Spiegel, Spiegel TV und Spiegel Online. Nachts ist die Snackbar von Verner Panton durch ihre rote Beleuchtung besonders augenfällig. Konstruktion und moderne Technologie machen Klimatisierung und klassische Heizkörper überflüssig.

■ Ericusspitze 1, U 1 Meßberg

Restaurants

5 **€ | Oberhafen-Kantine** Einfach und ehrlich, nahrhaft und preis-

wert – authentische Klassiker von Aalsuppe über Pannfisch bis Zander in der schiefen Kaffeeklappe von 1925 – der letzten ihrer Art. ■ Stockmeyerstr. 39, Tel. 040/32 80 99 84, www.oberhafenkantine-hamburg.de, Di–Sa 12–22, So 12–17.30 Uhr, Plan S. 92 c2

€€€ | **The Table** Opulente mehrgängige Menüs von Drei-Sterne-Koch Kevin Fehling. 18 bis 20 Gäste finden an einem langen gewundenen Tisch Platz und können beim Kochen zuschauen. Start ist jeweils um 19 bzw. 20 Uhr. Früh reservieren! ■ Shanghaiallee 15, Tel. 040/22 86 74 22, www.the-table-hamburg.de, Di–Sa 19 und 20 Uhr, Plan S. 92 c2

Kinder

Familiensonntage im Internationalen Maritimen Museum Käpt'n Kuddel und Kater Rubens laden zu Familienführungen ein, u.a. mit einem Programm in der Schiffsbauwerkstatt. ■ Koreastr. 1 (Kaispeicher B), Tel. 040/30 09 23 00, www.imm-hamburg.de, So ab 12 Uhr, 4 €, Kinder 3 €, Plan S. 92 c2

Harrys Hamburger Hafenbasar & Museum Auf dem Ponton 2 beherbergt der alte Schwimmkran »Greif« Harrys kultigen Hafenbasar mit Zehntausenden skurrilen Exponaten – eine verborgene Welt kitschig-gruseliger Überraschungen. ■ Am Sandtorkai 66–68, Sa, So, Fei 10–15 Uhr, www.hafenbasar.de, 5 €, erm. 3 €, Plan S. 92 a2

Leselotte ahoi! Die Bücherraupe »Leselotte« ist an vier Sonntagen mit Bilderbüchern im Sandtorpark und Baakenhafen unterwegs und lädt zum ausgiebigen Schmökern auf Picknickdecken ein. ■ Sommer in der HafenCity, www.hafencity.de, Plan S. 92 b2 und c3

Events

Hamburg Cruise Days Alle zwei Jahre gibt es ein Schaulaufen großer Kreuzfahrtschiffe im Hamburger Hafen – mit Feuerwerk und Lichtinstallationen. ■ www.hamburgcruisedays.de

Sommer in der HafenCity Kostenloses Kulturprogramm auf den Plätzen

Das Wasserschloss an Holländischbrook- und Wandrahmsfleet in der Speicherstadt

der HafenCity: Straßenmusik, Lesungen, Kinderprogramm. ■ Jeden So von Anf. Juni–Ende Aug., www.hafencity.de

Entspannung

Magellan-Terrassen Die rund 5000 m² große Freifläche mit Blick auf den Sandtorhafen und die moderne Bebauung ringsum eignet sich perfekt für eine Pause und zum Relaxen beim Bummel durch die HafenCity.

13 Speicherstadt

3 *Ein lebendiges Denkmal für Handel und Kommerz*

■ U 3 Baumwall, U 1 Meßberg

Zweimal im Abstand von gut 100 Jahren hat sich Hamburgs Gesicht am Nordufer der Elbe grundlegend verändert. Ab dem Jahr 1883 wurde ein damals sehr dicht besiedeltes Wohngebiet auf der Kehrwiederinsel südlich des Zollkanals abgerissen, um für den Anschluss Hamburgs an das deutsche Zollgebiet Platz für einen zollfreien Lagerhauskomplex zu schaffen.

Mehr als 20 000 Menschen wurden seinerzeit umgesiedelt, die Speicherstadt aus 17 sieben- bis achtstöckigen Gebäuden mit neugotischen Backsteinfassaden und turmgekrönten Giebeln wuchs bis 1927 auf eine Länge von 1,5 km an. Jeder Block war sowohl von der Straße als auch per Schute über Stichkanäle erreichbar. Weil die dicken Mauern alle Lagerböden ganzjährig kühl halten, werden hier bis heute wertvolle Güter wie Teppiche, Gewürze oder Kaffee umgeschlagen. Seit 2015 ist der Komplex von der UNESCO als Weltkulturerbe anerkannt.

Sehenswert

Speicherstadtmuseum

| Museum |

Die Speicherstadt war stets ein Ort harter Arbeit. Im Lagerhaus von 1888 zeigt das Museum, wie die »Quartiersleute« (Lagerarbeiter) mit wertvollen Gütern wie Kaffee, Kakao oder Kautschuk umgegangen sind. Außerdem erzählen alte Fotos und Pläne die Baugeschichte der Speicherstadt. Für Kinder gibt es eine Museumsrallye mit Kalle, dem lütten Quartiersmann. Speicherstadt-Entdeckertouren führen Kinder von 6 bis 12 und ihre Eltern zu den Geheimnissen der Speicherstadt.

■ Am Sandtorkai 36, U 3 Baumwall, Tel. 040/32 11 91, www.speicherstadtmuseum.de, März–Nov. Mo–Fr 10–17, Sa, So 10–18, Dez.–Feb. Di–So 10–17 Uhr, 4 €, erm. 2,50 €, Schüler 2 €, Kinder bis 6 Jahre frei, Rabatt mit Hamburg Card, Entdeckertouren Juni–Sept. So 10.30 Uhr (Anmeldung empfohlen), 8 €, Kinder 6,50 €

Spicy's Gewürzmuseum

| Museum |

In der Speicherstadt wurden stets wertvolle Güter umgeschlagen und gelagert – neben Teppichen und Kaffee v.a. Gewürze. Das »Erlebnismuseum für alle Sinne« Spicy's zeigt Rohgewürze und Kräuter und erklärt anschaulich die Verarbeitung und Nutzung – auch zum Anfassen und Probieren.

■ Am Sandtorkai 34, U 3 Baumwall, Tel. 040/36 79 89, www.spicys.de, tgl. 10–17 Uhr, 5 €, 4–14 Jahre 2 €, bis 3 Jahre frei, Rabatt mit Hamburg Card

Deutsches Zollmuseum

| Museum |

Welche findigen und manchmal witzigen Verstecke sich Schmuggler einfal-

len ließen, um Zollabgaben zu umgehen, kann im Deutschen Zollmuseum besichtigt werden. Außerdem erzählen Exponate die Geschichte des Zolls von der Antike bis in die Gegenwart.
■ Alter Wandrahm 16, U 1 Meßberg, Tel. 040/428 29 39 11, www.museum.zoll.de, Di–So 11–17 Uhr, 2 €, bis 17 Jahre frei

MiniaturWunderland

| Ausstellung |

6 *Länder und Städte im Modell – faszinierend für Groß und Klein*

Die größte Modelleisenbahn der Welt ist längst Spitzenreiter unter Deutschlands beliebtesten Attraktionen: Unzählige Länder und Regionen der Erde werden im Miniaturformat gezeigt; auf über 15,4 km Gleisen rattern mehr als 1040 kleine Bahnen, Lichter blinken, Autos fahren, 260 000 Figuren bevölkern die Anlage, und wer genau hinschaut, sieht immer wieder witzige Details – ein Wunderland eben. Noch bis 2028 sind Erweiterungen in Vorbereitung – ein absolutes Vergnügen für Klein und Groß. Am Wochenende ist mit Wartezeiten zu rechnen, bei Online-Buchung kein Anstehen an der Kasse.

ADAC *Mobil*

Ungewöhnliche Hamburg-Eindrücke gewinnt man mit dem **River-Bus.** Es beginnt in der Speicherstadt als scheinbar normale City-Tour, bis der Bus sich dann als Schwimmfahrzeug entpuppt, ins Elbwasser fährt und die 70-Minuten-Tour zur Hafenrundfahrt wird. So sieht man Hamburg vom Wasser aus nur selten. https://hafencityriverbus.de, 30 €, erm. 20,50 €, erst ab 5 Jahre

■ Kehrwieder 2, Block D, U 3 Baumwall, Tel. 040/300 68 00, www.miniatur-wunderland.de, Mindestöffnungszeiten Mo, Mi, Do 9.30–18, Di 9.30–21, Fr 9.30–19, Sa 8–22, So, Fei 8.30–20 Uhr, 15 €, bis 15 Jahre 7,50 €, Kinder bis 1 m frei

Hamburg Dungeon

| Show |

Gruseliger geht's kaum: Hamburgs finstere Geschichte aus 600 Jahren lässt sich dreidimensional erleben – vom geköpften Piraten Klaus Störtebeker bis zur Pest, von der Folter bis zum Großen Brand. Ein turbulentes, aufregendes Spektakel mit Kulissen, Effekten und Schauspielern.
■ Kehrwieder 2, Block D, U 3 Baumwall, Tel. 018 06/66 69 01 40 (kostenpflichtig), www.the-dungeons.de/hamburg, tgl. 10–17, Juli–Aug. bis 18 Uhr, 25,50 €, Kinder 10–14 Jahre 20,50 €, Rabatt bei Online-Frühbuchung oder mit Hamburg Card an der Kasse, kein Zutritt unter 8 Jahren, bis 14 Jahre nur in Begleitung

Verkehrsmittel

Die **Maritime Circle Line** verbindet als Hop-on-Hop-off-Fähre verschiedene interessante Punkte im gesamten Hafenbereich. ■ www.maritime-circle-line.de, 16 €, Kinder (7–15 Jahre) 8 €

Restaurants

€ | **Wasserschloss** Leckere norddeutsche Gerichte im pittoresken Häuschen zwischen den Fleeten. ■ Dienerreihe 4, Tel. 040/558 98 26 40, www.wasserschloss.de, tgl. 10–22 Uhr

€€ | **Strickers Kehr-Wieder-Spitze** Steaks und Scampi, Pasta und Currywurst – den wunderbaren Hafenblick genießen die Gäste gratis dazu. ■ Am

Sandtorkai 77, Tel. 040/51903061, www.kehr-wieder-spitze.de, tgl. ab 11 Uhr

Events

Theater in der Speicherstadt Im Juli und August werden Aufführungen des »Jedermann« auf einer Freilichtbühne vor der Kulisse der historischen Speicherhäuser organisiert. ■ http://hamburger-jedermann.de

Erlebnisse

Dialog im Dunkeln und Dialog im Stillen Faszinierende Einblicke in die Welt der Sinne und des Alterns bekommt man auf 90- bzw. 60-minütigen Führungen ohne Licht oder ohne Geräusche. ■ Dialoghaus, Alter Wandrahm 4, Tel. 040/3096340, www.dialog-im-dunkeln.de, Di–Fr 9–18 (Führungen ab 13 Uhr), Sa 10–19, So 10–17 Uhr, 21 €, erm. 15,50 €, Kinder 12,50 €, Familien 62 €, www.dialog-im-stillen.de, 17 €, erm. 12,50 €, Kinder 9,50 €, https://dialog-in-hamburg.de/ausstellungen/dialog-mit-der-zeit, 17,50 €, Kinder 11,50 €

14 Internationales Maritimes Museum

7 *3000 Jahre Seefahrtsgeschichte vereint unter einem Dach*

■ U4 Überseequartier
■ Koreastr. 1 (Kaispeicher B), Tel. 040/30092300, www.imm-hamburg.de, tgl. 10–18 Uhr, 13 €, erm. 9,50 €, Kleinfamilie 15 €, Familie 27 €

Die Geschichte der Seefahrt in unzähligen Schiffsmodellen, Bildern, Objekten: Das ist Peter Thamms weltweit einmalige Sammlung, die zum Internationa-

Im MiniaturWunderland stecken Zehntausende von Arbeitsstunden

len Maritimen Museum umgewandelt wurde. Im historischen Kaispeicher B zeigen neun Sektionen wichtige Themenbereiche des Lebens, Entdeckens, Arbeitens, Kämpfens und Transports auf See. Neben Schiffsmodellen – darunter seltene Objekte wie z.B. eine »Santa Maria« aus purem Gold – bilden Marineuniformen aller Zeiten und Länder einen Schwerpunkt. Als der spätere Vorstandsvorsitzende der Axel Springer AG der Stadt Hamburg seine einzigartige Sammlung anbot, griff sie zu. Behaust ist sie in Hamburgs ältestem Hafenspeicher, der 1879 entstand – ein absolut passendes Ambiente.

An den Familiensonntagen im Internationalen Maritimen Museum laden Käpt'n Kuddel und Kater Rubens zu Familienführungen ein, u.a. mit Kinder-

Das Internationale Maritime Museum logiert im Hafenspeicher von 1879

programm in der Schiffsbauwerkstatt (ab 12 Uhr, 4 €, Kinder 3 €).

Sehenswert

Störtebeker-Denkmal

| Skulptur |

Stolze 2 t schwer ist die bronzene, von Hansjörg Wagner geschaffene Figur des Seeräubers Klaus Störtebeker, die seit 1982 an der Busanbrücke vor dem Internationalen Maritimen Museum steht. Gleich in der Nachbarschaft auf dem Grasbrook wurde der unbeugsame Freibeuter und Schrecken der Hanseschiffe am 20. Oktober 1401 zusammen mit seinen Gefolgsleuten öffentlich enthauptet. Die Skulptur zeigt den Piraten nackt und gefesselt auf dem Weg zur Hinrichtung.

15 Elbphilharmonie

4 *Hamburgs kulturelles und architektonisches Highlight am Hafen*

- U 3 Baumwall
- Platz der Deutschen Einheit 1, Tel. 040/35 76 66 66, www.elbphilharmonie.de, Besucherzentrum: Am Kaiserkai 62, tgl. 9–20 Uhr, Plaza tgl. 9–24 Uhr (Eintritt frei, Gruppen ab 6 Pers. 5 €/Pers., Zugangsregelung durch Ticketvergabe, bei Online-Buchung 2 € Gebühr), einstündige Konzerthausführungen ab Besucherzentrum 15 € (nicht barrierefrei, nicht im Juli)

Top-Sehenswürdigkeit, Highlight in Hamburgs Skyline und eines der zehn besten Konzerthäuser der Welt: Solche Superlative können schnell vergessen machen, wie steinig der Weg der Elbphilharmonie vom Baubeginn 2007 bis zur Eröffnung im Januar 2017 war. Bei der Verwirklichung des kühnen Entwurfs des Schweizer Architektenbüros Herzog & de Meuron wurden sämtliche Zeit- und Kostenpläne über den Haufen geworfen. Bis zur Fertigstellung des auf einen Kaispeicher aus dem Jahr 1962 aufgesetzten Konzerthallen-, Hotel- und Wohnkomplexes kam es zu immer neuen baubedingten Verzögerungen, und aus den anfangs geplanten 77 Mio. € Baukosten wurden schließlich satte 789 Mio. €. Tatsächlich prägt das mit 110 m höchste Gebäude der Stadt mit seinem wellenförmigen Dach und den 2200 teils individuell geformten Glaselementen der Außenhaut das Panorama der HafenCity und ist zum weithin sichtbaren Wahrzeichen geworden. Im an den insgesamt 342 Stahlfederpaketen aufgehängten großen Konzertsaal finden 2100, im kleinen Saal 550 Besucher Platz.

Sämtliche Konzerte sind im Handumdrehen ausgebucht – Interpreten und Musikstile sind derzeit noch zweitrangig, viel mehr zählt für die Besucher, das mit viel Lob überhäufte Konzerthaus selbst von innen zu erleben.
Das mittels einer 82 m langen und 26 m hohen Rolltreppe (die »Tube«) öffentlich zugängliche Atrium in 37 m Höhe – die Plaza – erlaubt eindrucksvolle Ausblicke auf Innenstadt, Hafen und HafenCity.

16 Deichstraße

Eine Straße als Zeitreise in das Hamburg des 17. bis 19. Jahrhunderts

■ U 3 Rödingsmarkt
■ Zwischen Kajen und Willy-Brandt-Str.

In der Deichstraße ist eines der wenigen Althamburger Bürgerhaus-Ensembles des 17. bis 19. Jh. erhalten. Im Haus Nr. 42 – andere Quellen nennen Nr. 44 – brach am 5. Mai 1842 das Feuer aus, das 80 Stunden wütete und weite Areale der Stadt in eine rauchende Trümmerwüste verwandelte. Bis hinauf zur Alster fielen seinerzeit 1750 Häuser den Flammen zum Opfer, 51 Menschen fanden den Tod, mehr als 20 000 verloren ihr Zuhause.
Der erhaltene Teil der Deichstraße ist eine lebendige Momentaufnahme des frühneuzeitlichen Hamburg: Die eindrucksvolle Backsteinfassade des Hauses Nr. 27 birgt mit dem »Bardowicker Speicher« von 1780 Hamburgs ältestes erhaltenes Lagerhaus. Das 1686 vom Kaufmann Jakob Lange erbaute Haus Nr. 37 mit prachtvoller Innenausstattung wird heute als Restaurant genutzt. Auch andere Bürgerhäuser der Straße zeugen vom frühen Wohlstand. Als die südliche Deichstraße in den 1970er-Jahren großen Verkehrsprojekten Platz machen sollte, konnte bürgerliches Engagement den Erhalt sowie die Restaurierung der historischen Bausubstanz sicherstellen.

Sehenswert

Cremon
| **Architektur** |
Der Cremon wurde als Straße im Jahr 1251 erstmals urkundlich erwähnt. Im Mittelalter entstand hier und in den umliegenden Gassen der Typ des Althamburger Bürgerhauses mit Kontor, Lagerböden, Wohnräumen, Innenhöfen und zum Fleet hin gelegenen Speichern. Die Häuser Nr. 33 bis 36 aus dem 18. und 19. Jh. gehören zu den letzten erhaltenen von einst über 2000 solchen Gebäuden.

Restaurants

€€ | **Deichgraf** Lecker und anspruchsvoll essen auf der langen Fleetdiele quer durchs Haus bis zum Fleet: gehobene Gastlichkeit am historischen Ort. ■ Deichstr. 23, Tel. 040/36 42 08, www.deichgraf-hamburg.de, Mo–Fr 12–15, 17.30–22, Sa 17–22 Uhr

€€ | **Zum Brandanfang** Deftige Hamburger und regionale Gerichte in geschichtsträchtigem Ambiente. ■ Deichstr. 25, Tel. 040/36 55 20, tgl. ab 12 Uhr

Cafés

Nord Coast Coffee Roastery Leckere selbst geröstete Kaffeespezialitäten, dazu ausgiebiges Frühstück, Waffeln, Toast. ■ Deichstr. 9, Tel. 040/36 09 34 99, www.nordcoast-coffee.de, Mo–Fr 9–18, Sa, So 10–18 Uhr

Einkaufen

Sea Shop Carl Feddersen Maritime Kleidung, Finkenwerder Fischerhemden, Segeljacken, echt Hamburger Troyer-Rollkragenpullover – die Adresse! ■ Deichstr. 35, Tel. 040/36 59 68, www.firmafeddersen.de, Mo–Sa 10–18 Uhr

17 St. Michaelis

5 *Norddeutschlands schönste Kirche im Barockstil*

■ S 3 Stadthausbrücke, U 3 Baumwall
■ Englische Planke 1, Tel. 040/37 67 80, www.st-michaelis.de, Mai–Okt. tgl. 9–20, Nov.–April tgl. 10–18 Uhr, Eintritt frei; Krypta mit Film »Hamburg History« 4 €, Kinder 6–15 Jahre 2,50 €; Turm 5 €, Kinder 6–15 Jahre 3,50 €, Kombitickets/Rabatt mit Hamburg Card; Zugänge zum Turm ab 19.30 Uhr können nicht reserviert werden (www.nachtmichel.de).

Das Hamburgs Silhouette prägende Wahrzeichen – die stolze Barockkirche St. Michaelis – ist bereits das dritte Gotteshaus an dieser Stelle. Zwischen 1647 und 1661 entstand hier eine dreischiffige Basilika, die 1750 nach einem Blitzschlag niederbrannte.

Noch im selben Jahr entwarfen Ernst Georg Sonin und Johann Leonhard Prey den heutigen »Michel« als Saalbau in Form eines griechischen Kreuzes, bei dem die Kanzel von jedem Platz aus gut zu sehen ist. 1762 fertiggestellt, ergänzte Sonin noch den von 1777 bis 1786 realisierten Turm. Im Juli 1906 brach bei Reparaturarbeiten erneut ein Feuer aus, das die Kirche zerstörte. Von 1907 bis 1912 wurde sie weitgehend dem Vorgänger entsprechend wieder aufgebaut.

Über dem Turmportal ziert eine 1912 geschaffene Bronzeplastik des hl. Michael im Kampf mit dem Drachen die Fassade. Den über 2500 Menschen fassenden, in Weiß und Gold gehaltenen Innenraum mit ausladenden Emporen dominiert ein 20 m hoher Altar aus Marmor von 1912. Im Eingang befindet sich ein 1763 von Sonin gestifteter Opferstock. Weiterer Blickfang und Attraktion der Kirche ist die Steinmeyer-Orgel (1960–1962) mit 86 Registern und 6674 Pfeifen, die mit einer Marcussen-Konzertorgel (1912–1914) mit 22 Registern verbunden ist.

Unter St. Michaelis befindet sich eine lang gezogene, niedrige Krypta. Die ehemalige Begräbnisstätte – u.a. sind hier Kirchenbaumeister Sonin und Carl Philipp Emmanuel Bach beigesetzt – wird für Konzerte und Gottesdienste genutzt. Außerdem ist ein 30-Minuten-Film »Hamburg History« zu 1000 Jahren Stadthistorie und den fünf Hauptkirchen Hamburgs zu sehen.

Lohnend ist die Besteigung des 132 m hohen Turms. Nach 52 Stufen hinauf zum Lift kann man entweder fahren oder weitere 400 Stufen hinaufsteigen. Aus 82,5 m Höhe bietet sich ein herrlicher Rundumblick auf Stadt, Fluss und Hafen – direkt oberhalb der mit 8 m Durchmesser größten Turmuhr ganz Deutschlands. In 300-jähriger Tradition bläst ein Türmer täglich um 10 und 21, sonntags um 12 Uhr einen Choral in alle Himmelsrichtungen.

Sehenswert

Krameramtsstuben

| Architektur |

Bereits 1776 entstanden direkt hinter dem Michel die Krameramtsstuben, eine Wohneinrichtung für die Witwen

Die Krameramtsstuben erzählen vom sozialen Wohnungsbau vor 250 Jahren

der »Krämer« genannten Kleinhändler. Die Anlage mit fünf zweistöckigen Fachwerkhäuschen ist die letzte ihrer Art. Im kleinen Museum ist eine Wohnung aus der Zeit um 1850 zu sehen, außerdem gibt es eine Buchhandlung, eine Galerie und ein Restaurant.

■ Krayenkamp 10, S 3 Stadthausbrücke, tgl. 10–24 Uhr, Museum Krameramtsstuben: Tel. 040/37 50 19 88, www.kramer-witwen-wohnung.de, April–Okt. Mi–Mo 10–17, Nov.–März Sa, So 10–17 Uhr

Restaurants

€€ | Krameramtsstuben Typisch Hamburger Küche von Aalsuppe über Labskaus bis Pannfisch, serviert in historischem Ambiente. ■ Krayenkamp 10, Tel. 040/36 58 00, www.krameramtsstuben.de, tgl. 12–24 Uhr

Kinder

Auf der **Orgelwurmführung** erklärt Orgelwurm Willibald Kindern in der Hauptkirche St. Michaelis die Welt der Orgelmusik von Johann Sebastian Bach. ■ Anmeldung: Tel. 040/37 67 81 43, www.orgelwurm.de

18 Portugiesenviertel

Cafés, Restaurants und Bodegas bringen südländische Lebensart an die Elbe

■ U/S Landungsbrücken

■ Zwischen Elbe und Venusberg, Landungsbrücken und St. Michaelis

In den 1970er-Jahren zogen viele Spanier und Portugiesen in dieses Viertel – die Wohnungen in den Gründerzeit-

Fast überall im Portugiesenviertel spielt sich im Sommer das Leben draußen ab

bauten rings um die Ditmar-Koel-Straße waren günstig, der Hafen bot Arbeit. Bei Sonnenschein glaubt man heute in Madrid oder Lissabon zu sein: Insgesamt 40 Lokale – darunter v.a. iberische Restaurants, Bodegas, Cafés, Pastelarias – prägen mit auf den Bürgersteig stehenden Tischen und Stühlen das Straßenbild und sorgen für eine entspannte Atmosphäre. Das Viertel ist bei Touristen und den Angestellten der Firmen und Büros der Umgebung gleichermaßen beliebt.

■ www.portugiesenviertel-hamburg.de

Sehenswert

Nordische Seemannskirchen

| Kirchen |

Gleich viermal nordische Spiritualität repräsentieren die Nordisk Sjømannkirken an der Ditmar-Koel-Straße: Die von Otto Kindt entworfene dänische Benediktkirken (Nr. 2) wurde 1952 eingeweiht. Ihr für Hamburg ungewöhnlicher offener Turm ist ein Nachbau der im Zweiten Weltkrieg errichteten Adventskirken in Kopenhagen-Vanløse.

Nebenan liegt die norwegische Sjømannskirken (Nr. 4) aus dem Jahr 1959 mit prägnantem, kupfergedecktem Spitzturm. Sie ist ein beliebter Treffpunkt, da hier norwegische Zeitungen ausliegen und norwegisches Fernsehen empfangen wird.

Mit Haus Nr. 6 schließt sich die von Pentti Ahola und Dieter Langmaack in typisch finnischem Stil entworfene Hampurin merimieskirkko von 1965–1966 an. Mit Wohnungen, einem Café, einem Finnshop und einer Sauna werden hier finnische Seeleute und Durchreisende betreut.

Am Ende der Straße erhebt sich die 1907 eingeweihte Gustav-Adolfskyrkan, erbaut vom norwegischen, in Hamburg lebenden Architekten Thomas Yderstad (Nr. 36). Innen ist sie mit Malereien und geschnitzten Objekten ausgestaltet.

■ Ditmar-Koel-Straße

Restaurants

€€ | A Varinha Hier wird neben der deftigen auch die feine portugiesische Küche gekonnt zubereitet. ■ Karpfangerstr. 16, Tel. 040/37 26 62, www.avarina.de, Di–So 12–23 Uhr

€€ | Pastalozzi Unter den Portugiesen und Spaniern des Viertels behauptet sich diese Trattoria mit frischer Pasta der Extraklasse. Pizza gibt's natürlich auch. ■ Reimarusstr. 10, Tel. 040/31 79 17 09, www.pastalozzi-hamburg.de, Mo–Fr 1–15, 18–23, Sa 17–23 Uhr

Cafés

Café Cristal Auf großen Tafeln präsentiert die Pastelaria Cristal tagesfrische Angebote: Petiscos und Toastados, süße Kuchen, deftige Häppchen mit Stockfisch oder Hühnerfleisch. ■ Ditmar-Koel-Str. 20, Tel. 040/42 10 39 87, tgl. 8.30–18 Uhr

Einkaufen

The Art of Hamburg Im Angebot sind kreative, von Künstlern geschaffene Unikate mit klar maritimen Themen bzw. Hamburg-Bezug. ■ Ditmar-Koel-Str. 19, Tel. 040/41 42 44 19, www.the-art-of-hamburg.de, Mo–Sa 11–19 Uhr

Erlebnisse

Geführte Touren durch das Portugiesenviertel klingen mit dem anschließenden Besuch typischer Restaurants aus. ■ www.portugiesenviertel-hamburg.de/gaestetouren.php

19 Landungsbrücken und Museumsschiffe

Ort der Ankunft, Ort des Abschieds: eine klassische Stätte im Hafen

■ U/S Landungsbrücken

Abschied und Wiederkehr: Von den Landungsbrücken haben Millionen Menschen ihre Reise angetreten – auf Nimmerwiedersehen all die Scharen der Auswanderer, voller Hoffnung auf eine glückliche Heimkehr die Ozean- und Weltreisenden. In den Jahren von 1907 bis 1909 entstand das 200 m lange Empfangsgebäude aus rauem Tuffstein, von zwei Ecktürmen und zwei Kuppeln gekrönt. Im östlichen Turm zeigt der Wasserstandsanzeiger die Höhe des Elbwasserpegels.

Heute brechen v.a. die Hamburg-Besucher von den Landungsbrücken zur Hafenerkundung auf. Alle Anbieter starten hier ihre unterschiedlichsten Rundfahrten, die zu einem Muss jedes zünftigen Hamburg-Aufenthaltes gehören. Die passenden Souvenirs werden in zahlreichen Geschäften feilgeboten. Die parallel zum Gebäude verankerten Pontons bilden insbesondere abends den perfekten Ort, um die Lichter des Hafens zu genießen. Ähnlich schön ist der Blick, wenn man auf der nördlichen Seite der St.-Pauli-Hafenstraße die Treppe zum Hotel Hafen Hamburg emporsteigt.

Sehenswert

Stintfang

| Aussichtspunkt |

Wenn es im flachen Hamburg so etwas wie Berge gibt, kommt der 26,3 m über Normalnull – vereinfacht gesagt: dem Meeresspiegel – gelegene Stintfang dem sehr nahe: Die künstlich angelegte Anhöhe oberhalb der Landungsbrücken bildete als Bastion Albertus 1629 den Abschluss der historischen Wallanlagen. Hier gibt es eine der schönsten Jugendherbergen in Deutschland, v.a. wegen ihrer Lage.

Gefällt Ihnen das?

Dann besuchen Sie unbedingt auch den **Altonaer Balkon** (S. 122) – von dort lässt sich Tag und Nacht das geschäftige Treiben auf den Container-Terminals hervorragend beobachten.

Seit 1995 existiert am Südhang ein kleiner Weinberg mit 100 Rebstöcken der Rotweinsorte Regent und der Weißweinsorte Phoenix. Jährlich werden etwa 40 bis 50 Flaschen Hamburg Stintfang Cuvée erzeugt.

Bismarck-Denkmal

| **Denkmal** |

Seit 1906 richtet ein granitener Reichskanzler Bismarck – der Hamburger Innenstadt den Rücken zugewandt – aus gut 34 m Höhe seinen Blick elbabwärts. Die 14,8 m große Figur im Alten Elbpark stützt sich auf ein 8 m langes Schwert. Die in den mächtigen Sockel aus 100 Granitblöcken eingelassenen Figuren versinnbildlichen die germanischen Stämme. Das vom Architekten Johan Emil Schaudt und Bildhauer Hugo Lederer gestaltete Denkmal kostete seinerzeit über 400 000 Reichsmark.

■ Alter Elbpark

Alter Elbtunnel

| **Architektur** |

8 *Ein eindrucksvolles Baudenkmal tief unter dem Fluss*

23,5 m geht es in einem unscheinbaren Kuppelbau über gewundene Treppen hinab auf die Sohle des Alten Elbtunnels, dessen zwei parallele, mit Fliesen verzierte, 426 m lange Röhren den Fluss unterqueren. Er wurde zwischen 1907 und 1911 gebaut, um den Hafenfährverkehr zwischen St. Pauli und den Werften auf Steinwerder zu entlasten. Autos werden einzeln in vergitterten Fahrstuhlboxen hinabgelassen. Das Architekturdenkmal wird noch bis ca. 2019 aufwendig restauriert, ist aber voll zugänglich.

■ St. Pauli-Landungsbrücken, für Fußgänger und Radfahrer durchgängig kostenfrei geöffnet, Autos Einbahnverkehr Mo–Fr 8–13 Richtung Steinwerder, 13–18 Uhr Richtung St. Pauli, 2 €

Cap San Diego

| **Museumsschiff** |

120-mal zog der elegante weiße Frachter über den Atlantik, jetzt liegt er als Museumsschiff an der Überseebrücke: Die Ladebäume der 1961 in Hamburg-Finkenwerder vom Stapel gelaufene »Cap San Diego« zeugen von einer Zeit, als Transportgüter noch in Kisten und Säcken an Bord geschafft wurden. Der weltweite Siegeszug der Container verkürzte die Liegezeiten in den Häfen beträchtlich und bedeutet das Ende für Stückgutfrachter wie die »Cap San Diego« und ihre fünf Schwesterschiffe. 1986 vor der Verschrottung gerettet und aufwendig instand gesetzt, ist die »Cap San Diego« seit dem Jahr 2008 das größte fahrbereite Museumsfrachtschiff der Welt.

Der 159,4 m lange »weiße Schwan des Südatlantiks« verfügt über einen 9-Zylinder-MAN-Dieselmotor mit 11 650 PS und führt regelmäßig die Schiffsparade zum Hafengeburtstag (S. 178) an. In den Sommermonaten werden Sonderfahrten mit bis zu 500 Personen veranstaltet, und man kann an Bord auch in vier Einzel- und vier Doppelkabinen übernachten. Interessierte Besucher erkunden – geführt von MP3-Playern – nahezu alle Winkel des Schiffs.

■ Tel. 040/36 42 09, www.capsandiego.de, tgl. 10–18 Uhr, 7 €, Kinder 2,50 €, Familien- und Gruppenrabatte

Feuerschiff

| **Eventschiff** |

Einst sicherte es in der Mündung des englischen Flusses Humber den nächtlichen Schiffsverkehr, 1993 ging es im Sportboothafen aufs Altenteil: Das

markante rote Feuerschiff LV 13 – 1952 in alter Tradition aus Stahlplatten zusammengenietet und 1989 außer Dienst gestellt – bietet ein Restaurant mit vielen nautischen und maritimen Objekten und eine Bar. Im Maschinenraum finden regelmäßig Jazzkonzerte statt. Man kann in den original erhaltenen Kabinen auch nächtigen (ab 85 €).
■ City Sportboothafen, Vorsetzen, Tel. 040/36 25 53, www.das-feuerschiff.de, tgl. 9– 23, Restaurant ab 11, Küche und Bar bis 22 Uhr, reservieren!

Rickmer Rickmers

| Museumsschiff |

Seit 120 Jahren reckt die 1896 vom Stapel gelaufene Dreimastbark ihre Masten in den Himmel. Das stählerne Vollschiff hat eine Segelfläche von 3500 m². Bis 1983 hat der 97 m lange Fracht-Großsegler unter wechselnden Reedern und Namen die Meere befahren – dann rettete eine Stiftung das Schiff und machte es 1987 hier öffentlich zugänglich. Das Schiffsmuseum erzählt die bewegte Geschichte. An Bord gibt es zahlreiche Räume zu besichtigen, wechselnde Ausstellungen zu maritimen Themen werden gezeigt, und Aktivitäten wie Klettern in der Takelage locken Wagemutige.
■ Landungsbrücken, Ponton 1 a, U 3 Baumwall, Tel. 040/319 59 59, www.rickmer-rickmers.de, tgl. 10–18 Uhr, 5 €, Schüler 4 €, Kinder (4–12 Jahre) 3 €, Rabatt mit Hamburg Card

ADAC *Mittendrin*

Jedes Jahr am 9. Januar vollzieht ein Bischof vom Bug der »Rickmer Rickmers« das Ritual der griechisch-orthodoxen **Wasserweihe** und segnet die Elbe und den Hafen.

Verkehrsmittel

Mit den Barkassen der **Hafenrundfahrt** lässt sich der Hafen auf unterschiedlich langen Touren erkunden.

Restaurants

€€ | **Blockbräu** Deftige Kleinigkeiten gibt es im trubeligen, folkloristischen Braugasthaus mit toller Dachterrasse direkt an der Elbe. ■ Bei den St. Pauli-Landungsbrücken 3, Tel. 040/44 40 50 00, www.block-braeu.de, tgl. ab 11 Uhr

20 Fischmarkt

6 *Norddeutschlands bekanntester Markt – für Frühaufsteher*

■ S 1, S 3 Reeperbahn, U/S Landungsbrücken, HADAG-Fähre Linie 62 bis Altona (Fischmarkt)
■ Große Elbstr. 9, April–Okt. So 5–9.30, Nov.–März 7–9.30 Uhr

Mehr Hamburg geht kaum: Jeden Sonntagmorgen lockt der legendär-kultige Fischmarkt die Frühaufsteher oder Nachtschwärmer nach durchfeierter Nacht mit seinen Ständen und dem turbulenten Treiben ans Elbufer. Längst wird hier alles verkauft, wofür die Besucher Geld auszugeben bereit sind. Das Warenangebot ist ein Mix aus Floh-, Gemüse-, Ramsch- und Kleidungsmarkt. Ob die geforderten Preise angemessen sind, muss jeder selbst entscheiden. Kostenlos ist auf jeden Fall die Stimmung: Markthändler übertrumpfen sich gegenseitig beim lautstarken, witzigen und zuweilen etwas hemdsärmelig-derben Anpreisen ihrer Waren. Und je später es wird, desto niedriger die Preise, denn niemand will seine Ware wieder mit nach Hause nehmen. Das Treiben zieht im Sommer bis zu 70 000 Menschen an und ist eine große Gaudi, würde man in Bayern sagen: Spaß macht es allen. Zahlreiche Stände mit Fischbrötchen, Wurst und unterschiedlichsten Gerichten sorgen für das leibliche Wohl, und in der zentral gelegenen Fischauktionshalle gibt es Frühstück, untermalt von Livemusik. Auch die umliegenden Kneipen haben natürlich geöffnet.

Seit 1730 verkaufen hier die Altonaer Fischer ihren Fang, anfangs direkt vom Kutter. Sehr beliebt war früher der Hering, aber auch alle anderen, frisch in Elbe oder Nordsee gefangenen Meerestiere wurden angeboten. Frischen Fisch gibt es übrigens auch heute noch.

Sehenswert

Fischauktionshalle

| Architektur |

Die historische Fischauktionshalle mit ihren ziselierten Gusseisenpfeilern, Stützen und Streben wird bei »Land unter« regelmäßig überflutet. Mit Errichtung des Bauwerks direkt an der Hamburger Landesgrenze reagierte Altona 1895/96 auf den Anschluss Hamburgs an die Zollunion. Der Eisenskelettbau im Stil einer Basilika ist mit Backstein verkleidet und wird von einer Kuppel gekrönt. Im 19. Jh. ankerte hier im Hafen der Großteil der deutschen Fischereiflotte.

■ Große Elbstr. 9, www.fischauktionshalle.com, April–Okt. So 5–9.30, Nov.–März 7–9.30 Uhr

St.-Pauli-Hafenstraße

| Straßenzug |

Ehe hier Platz für luxuriöse 22-stöckige Neubauten geschaffen werden konnte, besetzten 1981 Autonome acht gründerzeitliche Häuser in der Hafenstraße und der parallelen Bernhard-Nocht-Straße. Nach 15 Jahren heftiger Auseinandersetzungen wurde der Konflikt durch den Verkauf der Häuser an die Besetzer endgültig beigelegt.

Die Lizenzen zum Handeln auf dem Fischmarkt sind so knapp wie begehrt

Sie konnten die Gebäude anschließend in Eigenregie instand setzen.

U-Bootmuseum

| Museum |

Seit 2010 liegt die 90 m lange U-434 – eines der größten nicht-atomaren U-Boote der Sowjetunion – am St.-Pauli-Fischmarkt in der Elbe fest auf Grund, weshalb im Gezeitenwechsel der Eindruck entsteht, sie würde ab- und wieder auftauchen. Eine Anti-Sonar-Gummibeschichtung machte das frühere Spionage- und Patrouillenschiff für die gegnerische Ortung fast unsichtbar.

■ St. Pauli Fischmarkt 10, S 1–3 Königstraße, www.u-434.de, Mo–Sa 9–20, So 11–20 Uhr, 9 €, Kinder 6 €

Cruise Center Altona

| Architektur |

Am 360-m-Kai können mittlere Kreuzfahrer bis 300 m Rumpflänge abgefertigt werden. Das 2011 erbaute gläserne Terminal besitzt ein begehbares Dach. Die erwarteten Anläufe werden auf www.hamburgcruisecenter.eu/de angekündigt. Ein toller Ort für alle Freunde des Shipspotting.

■ Van-der-Smissen-Str. 5, S 1–3 Altona, HADAG-Fähre Linie 62 bis Dockland

Dockland

| Architektur |

Das 2005–2006 nach Entwürfen der Architekten Bothe Richter Teherani erbaute sechsgeschossige Bürogebäude hat die Form eine Parallelogramms und erinnert an ein schnittiges Schiff. Die rund 500 m² große Dachterrasse bietet ein hervorragendes Hafenpanorama und ist über eine Freitreppe öffentlich zugänglich.

■ Van-der-Smissen-Str. 9, S 1–3 Altona, HADAG-Fähre Linie 62 bis Dockland

FrauenFreiluftGalerie

| Ausstellung |

Vom Fischmarkt bis Neumühlen gestalten hier auf 2 km Elbufer seit 1994 Frauen aus Europa und Übersee Wandbilder zum Wandel weiblicher Wirtschaftskraft im Hamburger Hafen.

■ Große Elbstr. 132, www.frauenfreiluftgalerie.de

Restaurants

€ | Fischerhaus Vorzügliche Fischgerichte – im Restaurant Rustikal von 1898 mit rauem Charme, im Restaurant Hafenblick gehoben. ■ Fischmarkt 14, Tel. 040/31 40 53, www.restaurant-fischerhaus.de, tgl. ab 11.30 Uhr

9 **€€€ | Fischereihafen Restaurant** Weiße Tischdecken, vornehm zurückhaltende Ober, leckerer fangfrischer Fisch, perfekt zubereitet: eine der besten Adressen für den Genuss von Schuppen- und Meerestieren in Hamburg. ■ Große Elbstr. 143, Tel. 040/38 18 16, www.fischereihafenrestaurant.de, So–Do 11.30–22, Fr, Sa 11.30–22.30 Uhr

Einkaufen

Stilwerk Kaufhaus für Möbel und Design in einer ehemaligen Malzfabrik, 28 Geschäfte auf fünf Etagen für jeden Geschmack und jedes Budget. ■ Große Elbstr. 68, Tel. 040/30 62 11 00, www.stilwerk.com, Di–Fr 10–19, Sa bis 18 Uhr

Entspannung

Antonipark Auch bekannt als Parc Fiction – perfekt, um im Sommer auf sattem Grün unter stählernen Palmen Sonne zu tanken und dem betriebsamen Hafen zuzuschauen. ■ Zwischen St. Pauli Hafenstraße und Pinnasberg

Am Abend

Abendunterhaltung steht hier ganz im Zeichen der Bühne – vom Theater bis zum Musical. Zwei der Spielstätten prägen sogar den Blick von den Landungsbrücken über die Elbe Richtung Süden. Daneben findet sich entlang der Elbe ein vielfältiges Spektrum von ungewöhnlichen Kneipen, Bars und Clubs, die sich gern maritim geben. Fast immer kann man hier waschechte Hamburger treffen – aller Nationen, Altersstufen und Temperamente.

Bühne

Das Theaterschiff Theater, Kabarett und Lesungen in einem über 100-jährigen Schiff – es bleibt während der Vorstellungen im umgebauten Laderaum an seinem Liegeplatz. ■ Nikolaifleet, Holzbrücke 2, Tel. 040/69 65 05 80, www.theaterschiff.de

Mehr! Theater am Großmarkt Hamburgs größte Bühne für Musicals, Comedy und Pop. ■ Banksstr. 28, Tel. 040/21 03 19 14, www.mehr.de

Stage Theater im Hafen Unter der gelben Kuppel am südlichen Elbufer kann man grandiose Musicals erleben. Besondere Attraktion ist das Skyline-Restaurant mit tollem Blick auf Hafen und Hamburg. ■ Norderelbstr. 6, Tel. 040/822 15 35 00, www.stage-entertainment.de

Stage Theater an der Elbe Die zweite Musical-Spielstätte im Hafen – wo auch die Vampire tanzen. ■ Norderelbstr. 8, Tel. 040/822 15 35 00, www.stage-entertainment.de

Theater in der Speicherstadt Open-Air-Bühne, auf der jeden Sommer »Jedermann« von Hugo von Hofmannsthal in herausragender Inszenierung gegeben wird. ■ Auf dem Sande 1, Tel. 040/369 62 37, http://hamburger-jedermann.de

Konzert

Hafenklang Kleiner Liveclub für Musik aus dem Independent-Spektrum mit zwei Konzerträumen und Bar. ■ Große Elbstr. 84, Tel. 040/38 87 44, www.hafenklang.com

Kneipen, Bars und Clubs

Barley & Malt Gemütlicher Pub in historischem Ambiente, großes Angebot an Craft Beer und deftiger Küche. ■ Deichstr. 36, Tel. 040/41 91 90 44, www.barleyandmalt.com, Mo, Di ab 17, Mi–Fr ab 16, Sa, So ab 13 Uhr

Haifischbar Kultige Schipper-Kneipe, früher Drehort der gleichnamigen Fernsehserie, in der Bier und Klönschnack eine urige Mischung ergeben. ■ Große Elbstr. 128, Tel. 040/380 93 42, tgl. 11–4 Uhr

O Cantinho do Antonio Gemütliche portugiesische Nachbarschaftskneipe mit frischem Bier, kleinen Spezialitäten und viel Stimmung bei Fußballübertragungen. ■ Rambachstr. 11, Tel. 040/33 44 25 35

Tower Bar Erlesene Drinks 62 m über dem Hafen mit grandiosem Panorama. ■ Hotel Hafen Hamburg, Seewartenstr. 9, Tel. 040/31 11 37 04 50, www.hotel-hafen-hamburg.de, tgl. 18–2 Uhr

Zum Schellfischposten Gemütliche Bierkneipe im Stil früherer Hafenlokale – ein authentischeres Flair des ursprünglichen Hamburg gibt es nirgends. Bekannt auch durch die TV-Sendung »Inas Nacht«. ■ Carsten-Rehder-Str. 62, Tel. 040/38 34 22, www.schellfischposten.de, Mo–Sa 12–1, So 8–23 Uhr

Übernachten

Elbnah individuell und günstig logieren – das ist nicht einfach. Entweder findet man große Ketten, oder die Preise bewegen sich im höheren Spektrum. Dabei kann man sogar auf dem Wasser übernachten. Günstige Häuser sollten also frühzeitig reserviert werden – die teureren sind aber meist auch ihr Geld wert.

€€

Hotel Stella Maris Zentral und hafennah im Portugiesenviertel gelegenes Haus im maritimen Stil, prima Service, mit Garten. ■ Reimarusstr. 12, Tel. 040/319 20 23, www.hotel-stellamaris.de

€€€

25hours Hotel Hamburg Altes Hafenamt Moderne trifft Geschichte: 49 durchgestylte Zimmer im historischen Bau. ■ Osakaallee 12, Tel. 040/555 57 50, www.25hours-hotels.com

Ameron Hotel Speicherstadt Moderne, komfortable Unterkünfte im einzigen Hotel im UNESCO-Weltkulturerbe – dazu äußerst zentral gelegen. ■ Am Sandtorkai 4, Tel. 040/638 58 90, www.hotel-speicherstadt.de

Hotel Hafen Hamburg Klassisch-hanseatisches Haus im ehemaligen Seemannsheim hoch über dem Hafen – exzellenter Blick, exzellenter Service. ■ Seewartenstr. 9, Tel. 040/31 11 30, www.hotel-hafen-hamburg.de

Madison Hotel Modernes, großzügiges Hotel unweit von Michel und Hafen. Internationale Küche im Restaurant Marley's. ■ Schaarsteinweg 4, Tel. 040/37 66 60, www.madisonhotel.de

ADAC *Das besondere Hotel*

Hotelschiff Großer Michel Übernachten auf dem Wasser mitten im Hafen: Die 1955 gebaute »Großer Michel« bietet schiffstypische Einzel- und Doppelkabinen mit hohem Komfort – und am Abend eine Bar auf dem Oberdeck mit tollem Hafenflair. Anschließend geht's ab in die Koje. *€€ | Am Sandtorkai 77, Tel. 040/36 09 11 96, www.grossermichel.de/hotelschiff/hotelinfos*

St. Pauli, Schanzenviertel, Altona, Ottensen

Hamburgs bunte Stadtviertel – vom Rotlicht der »sündigen Meile« zu den alternativen Lebensentwürfen der Multikulti-Quartiere

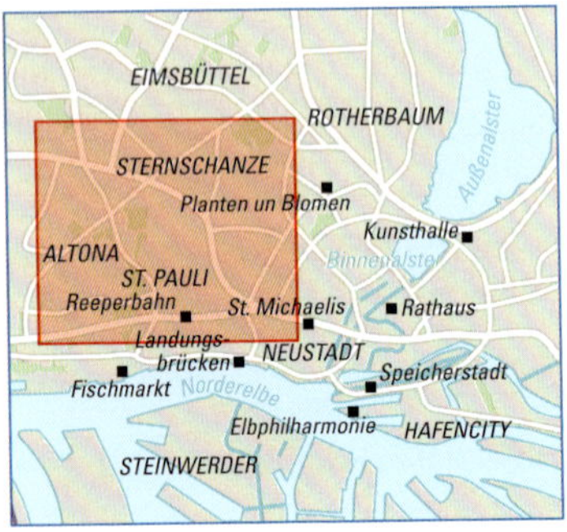

Von Rot bis bunt: Hamburgs verschiedene Farben lassen sich in seinen etwas wilderen Stadtvierteln kennenlernen. St. Pauli mit der »sündigen Meile« Reeperbahn ist weltbekannt für seine Freizügigkeit – ein Besuch vor Ort zeigt aber auch einen Stadtteil im Wandel, der sich neben den halbseidenen und provokanten Etablissements zu einer vielfältigeren Touristenattraktion mit Oper, Musical, Kabarett, Theater und viel Livemusik entwickelt hat: Es gibt hier eine schier endlose Fülle spannender, kreativer und anspruchsvoller Unterhaltungsangebote.

Die nahe gelegenen kleineren Quartiere – Karolinenviertel und Schanzenviertel – machen die bunte Vielfalt erlebbar, die sich in Hamburgs versteckteren Winkeln herausgebildet hat: Karoviertel und Schanze sind beinahe so etwas wie große Laboratorien, wo neue Konzepte des Wohnens und Wirtschaftens, in Politik und im Zusammenleben der Menschen praktisch entwickelt werden. Hier gibt es von Mode über Handwerk bis zur Gastronomie viel Individuelles zu entdecken, und während sich Hamburgs Innenstadt mit dem Ladenschluss zu leeren beginnt, pulsiert hier das Leben bis spät in die Nacht – in den Sommermonaten natürlich draußen!

Altona – bis Anfang des 19. Jh. eine dänische und bis 1937 eine eigenständige Stadt – zeigt deutlich großstädtisches Gepräge. Rathaus und Museum, historische Denkmäler, stolze Bürgerhäuser und die herrliche Lage oberhalb der Elbe sind das eine, das offizielle Altona. Und gleich hinter dem stolzen Platz der Republik öffnen sich bis hinüber nach Ottensen attraktive Straßen und Plätze, in und auf denen der Besucher miterleben kann, wie die Menschen hier leben, arbeiten und feiern. Eine Vielzahl individueller, einfallsreicher Lokale und Cafés laden mit ihrer Gastlichkeit zur Einkehr ein.

In diesem Kapitel:

ADAC Top Tipps:

7 Reeperbahn
| Flaniermeile |
Die weltbekannte Amüsiermeile wandelt ihr Gesicht – aus dem frivolen Rotlichtdistrikt wird zunehmend ein Ausgehzentrum für junge Leute. So entsteht ein spannender Mix klassischer und moderner Kultur. 112

ADAC Empfehlungen:

10 Große Freiheit
| Flaniermeile |
Von den Beatles bis zu Techno und House – Geschichte und Gegenwart des Pop auf der Clubmeile. 114

11 Philipps Restaurant
| Restaurant |
Feine Sterneküche aus besten regionalen Produkten – stilvoll und unprätentiös serviert und dabei für jedes Budget erschwinglich. 118

12 Braugasthaus Altes Mädchen
| Restaurant |
Eigenkreationen und Erlesenes aus vielen Ländern – so kreativ und vielfältig kann Bier sein. 119

13 Frau Hedis Tanzkaffee
| Club |
Tanzveranstaltungen auf dem Wasser: Der schwimmende Club präsentiert ein breites Musikspektrum. 128

21 Reeperbahn

7

Von tanzenden Türmen und tanzenden Deerns

- U 3 St. Pauli, S 1, S 3 Reeperbahn
- Parken siehe S. 114

Verrucht, verrufen, verkannt – das ist St. Pauli, für das die Reeperbahn oft stellvertretend genannt wird. Wo einst von sogenannten Reepschlägern die langen Seile für Segelschiffe gedreht wurden und die Hafenarbeiter wohnten, siedelten sich im späten 19. Jh. aufgrund der Hafennähe Unterhaltungsetablissements für die vielen Seeleute an. Nicht nur sie wollten sich nach Wochen und Monaten auf See während der Liegezeit ihrer Schiffe vergnügen: Varieté, Theater, Kneipen und Kaschemmen waren auch für die bürgerliche Gesellschaft attraktiv – entlang der Reeperbahn und in den Seitenstraßen florierte das Vergnügen jeglicher Art.

Weltbekannt als Sexmeile mit Striplokalen wurde die Reeperbahn zwischen den 1950er- und 1980er-Jahren, als zunehmend Touristen durch die Lokale geschleust oder von sogenannten Koberern mit teils anzüglichen Sprüchen in teils zwielichtige Etablissements gelockt wurden. Damals wie heute gab und gibt es auf St. Pauli Prostitution. V.a. Ecke Reeperbahn/Davidstraße bieten junge Mädchen ihre Dienste an, außerdem in vielen Nebenstraßen und in der berüchtigten, mit Barrieren gegen Blicke versperrten Herbertstraße. Rein rechtlich darf jedermann die Straße betreten, auch wenn auf den Schildern ein Zutrittsverbot für Frauen und Jugendliche verkündet wird – aber dann sollte man sich auf hässliche Beschimpfungen gefasst machen. Seeleute allerdings trifft man auf der Reeperbahn – kurz Kiez genannt – kaum noch. Die modernen Containerriesen haben nur sehr kurze Liegezeiten, und die Mannschaften

Die Reeperbahn verführt auch kulinarisch – von mittags bis nach Mitternacht

sind winzig. Das Geschäft mit der Erotik kann nur dank der Touristen überleben. Und längst ist St. Pauli eher zahm geworden – noch immer gibt es Sexkinos, Sexclubs und Tabledance-Bars, aber neben den Touristen ist es v.a. ein junges Publikum, das hier am Wochenende in den zahlreichen Clubs feiert und die Straße zur Partymeile macht. Sie halten damit unbewusst eine alte Tradition lebendig, denn St. Pauli ist schon seit über 50 Jahren ein Mekka der Rock- und Popmusik.

Ein nächtlicher Bummel über die einst so verruchte Reeperbahn ist heutzutage eine weitgehend sichere Sache. Das kultige Hotel Monopol (Nr. 48–52), die schrille Boutique Bizarre, die Davidwache, das Eros-Center sind längst feste Koordinaten für die Menschen aus aller Welt, die verwundert herumgeführt werden und zumindest die Fassaden bestaunen. Neues Wahrzeichen der sündigen Meile sind die Tanzenden Türme am Millerntorplatz – aus dem Rooftop-Café Clouds (www.clouds-hamburg.de) genießt man einen perfekten Blick auf das bunte Treiben.

In manchen Nebenstraßen hat sich das Flair des ursprünglichen St. Pauli mit einfachen Kneipen für die angestammten Bewohner erhalten, die Touristen und Nachtschwärmer geduldig ertragen. Und wenn man von der Seite angequatscht wird, kann man immer ganz einfach weitergehen.

Sehenswert

Spielbudenplatz

| Platz |

Wo schon seit Anfang des 19. Jh. Unterhaltungsbuden für Jahrmarktstimmung sorgten, Kaschemmen zum Tanz luden und Varieté-Theater wahre Publikumsmagneten waren, bietet sich Nachtschwärmern heute ein breites Spektrum an Musicals, Shows und Konzerten in Musikclubs und auf Bühnen vom modernen Klubhaus mit poppiger Lichtfassade bis zum St.-Pauli-Theater – Hamburgs ältestem Privattheater von 1898 mit dem Interieur des Vorgängerhauses von 1840/41. Während des Reeperbahn-Festivals treten Solokünstler und Bands auf den beiden den Platz begrenzenden Open-Air-Bühnen auf. Neuester Zugang ist die Panik City am Spielbudenplatz 21–22, eine interaktive Show mit sieben Multimediastationen zu Leben und Schaffen Udo Lindenbergs (https://panikcity.de, tgl. 12–23 Uhr, 18,50–29,50 €)

Hans-Albers-Platz

| Platz |

Gleich südlich der Reeperbahn liegen rings um die vom Bildhauer Jörg Immendorf geschaffene Bronzeskulptur des legendären Schauspielers am Hans-Albers-Platz zahlreiche Kneipen und Clubs und bilden ein Zentrum des Nachtlebens. Viele weitere Lokale in den Seitenstraßen und Hinterhöfen sorgen dafür, dass der Platz an Wochenenden bis weit in die frühen Morgenstunden sehr belebt ist.

St.-Pauli-Museum

| Museum |

Die Geschichte des Stadtteils der Hafenarbeiter und kleinen Leute jenseits des Sex-Geschäfts von der Klostergründung im Jahr 1247 bis zur Gegenwart erzählt das kleine Museum in seinen Ausstellungen.

■ Davidstr. 17, Tel. 040/439 20 80, www.sankt-pauli-museum.de, Mo–Mi 11–18, Do 11–21, Fr 11–23, Sa 10–23, So 10–18 Uhr, 5 €, erm. 4 €

Davidwache

| Architektur |

Böse Buben gibt es in Rotlichtdistrikten viele – daher hat St. Pauli bereits seit 1840 eine eigenständige Wache, seit 1868 am aktuellen Standort. Das Hamburger Polizeikommissariat 15 ist für das mit 0,92 km^2 kleinste Revier Europas zuständig und wurde in Filmen und Romanen verewigt. Der Backsteinbau von 1913/14 stammt von Fritz Schumacher, Mitbegründer des Werkbunds, die Fassade von Richard Kuöhl.

■ Spielbudenplatz 31

Beatles-Platz

| Platz |

Mit einer runden, schwarz gepflasterten Fläche, einer Vinyl-Schallplatte nachempfunden, wurde der Platz 2008 zu Ehren der Beatles gestaltet. Fünf metallene Silhouetten stellen die Bandmitglieder inklusive Stuart Sutcliffe dar, der während des Karrierestarts im nahen Indra-Club der Bassist war. In den Boden eingelassen sind Metallbänder mit Titeln bekannter Songs.

P Parken

Helles Parkhaus unter den Tanzenden Türmen im Zirkusweg; APCOA-Parkgarage Millerntor; Reeperbahn-Garagen unter dem Spielbudenplatz.

Restaurants

€€ | **Copper House** Kreative und klassische Küche aus Fernost oder Live-Cooking nach Ideen und Rezeptwünschen des Gastes. ■ Davidstr. 37, Tel. 040/75 66 20 11, www.copperhouse.de, tgl. 12–1 Uhr, Live-Cooking 17.30–23.30 Uhr

€€ | **Cuneo** Die 1905 eröffnete Trattoria ist Szenetreff und ältester sowie einer der besten Italiener Hamburgs. ■ Davidstr. 11, Tel. 040/31 25 80, www.cuneo1905.de, Mo–Sa 17.45–23 Uhr

Kinder

Panoptikum Das bereits vor 130 Jahren vom Holzbildhauer Friedrich Hermann Faerber gegründete skurrile Wachsfigurenkabinett bietet auf vier Ebenen Abbilder von über 120 Prominenten – von den Beatles über Harry Potter und Hans Albers bis Papst Benedikt XVI. ■ Spielbudenplatz 3, www.panoptikum.de, Mo–Fr 11–21, Sa 11–24, So 10–21 Uhr, 6,50 €, erm. 4,50–6 €

Events

Reeperbahnfestival Europas größtes Club-Festival, Ende September für vier Tage rund um den Spielbudenplatz.

22 Große Freiheit

(10) *Von der freien Religionsausübung zu ganz viel Rock 'n' Roll*

■ S 1, S 3 Reeperbahn

■ Zwischen Beatles-Platz/Reeperbahn und Paul-Roosen-Straße

Die ursprünglich zu Altona gehörende Große Freiheit und die parallel verlaufende Kleine Freiheit bildeten einen Bezirk, für den im 17. Jh. Gewerbe- und

ADAC *Wussten Sie schon?*

Die Straßen **Große** und **Kleine Freiheit** signalisieren in ihren Namen, dass in diesem damals zu Altona gehörenden Bezirk seit 1611/1612 Religions- und Gewerbefreiheit herrschte.

Beliebteste Ausgehmeile auf St. Pauli: die Große Freiheit mit zahlreichen Musikclubs

Religionsfreiheit galt. Das zog anderswo aus Glaubensgründen verfolgte Handwerker an und trug zum Aufblühen Altonas bei – direkt an der Grenze zu Hamburg. Mehrere reformierte Kirchen entstanden. Die Gebäude Nr. 73 und Nr. 75 sind ehemalige Gemeindehäuser der Altonaer Mennoniten.
1944 begründete der Hans-Albers-Film »Große Freiheit Nr. 7« den legendären Ruf der Straße als Vergnügungsmeile. Als große Freiheit galt bald die erotische Freizügigkeit in einschlägigen Lokalen – teilweise bis heute.
Parallel entstand auch eine lebendige Pop-Szene: Im Indra Club (Nr. 64) und im Star-Club (Nr. 39, 1962–1969) traten zwischen 1960 und 1962 die Beatles auf, im Star-Club – dem ehemaligen Kino »Stern-Lichtspiele« – gaben sich Rock- und Popmusiker wie Jimi Hendrix, The Cream, Ray Charles und viele andere die Klinke in die Hand. Das 1968 gegründete Grünspan (Nr. 58) gilt als Hamburgs älteste Diskothek. Die Große Freiheit Nr. 7 ist ein Tanzlokal mit Schlagermusik, außerdem gibt es bürgerliche Bierkneipen.

Sehenswert

St. Joseph

| Kirche |

Etwas von der Großen Freiheit zurückgesetzt liegt St. Joseph (Nr. 43). Das Gotteshaus, ein Saalbau aus Backstein mit schöner Barockfassade, ist Sitz der 1594 gegründeten ältesten katholischen Gemeinde Norddeutschlands nach der Reformation. Melchior Tatz baute die 1713 beim Altonaer Stadtbrand zerstörte Kirche in den Jahren 1718–1721 nach italienischen Vorbildern wieder auf. Nur die Fassade überstand schwer beschädigt den Zweiten Weltkrieg. Erst in den 1970er-Jahren wurde der schlicht wieder aufgebaute Sakralbau erneut mit Wandbemalungen und originalem Altar ausgeschmückt. Seit 2017 gehört auch ein von Udo Lindenberg gezeichneter Bilderzyklus der Zehn Gebote dazu.

Das einzigartige Beinhaus in der Krypta wurde erst 2011 bei Vermessungsarbeiten hinter Mauern wiederentdeckt: Hier liegen die sterblichen Überreste von 350 zwischen 1719 und 1886 beigesetzten Menschen. Außerdem sind Grabbeigaben und Schautafeln zur Geschichte der Kirche zu sehen.

■ Große Freiheit 43, Kirche tgl. geöffnet, Krypta Mi 12.15–13 Uhr

Restaurants

€ | **Teigtasche** Hier kommen herzhafte litauische Spezialitäten von Rote-Bete-Salat über gefüllte Teigtaschen bis Pfannkuchen auf den Tisch. ■ Hein-Hoyer-Str. 10, Tel. 040/18 12 69 40, www.restaurant-teigtasche.de, Di–Do 14–23, Fr, Sa 14–1, So 13–23 Uhr

€€ | **Osteria del Prete** Authentisch kalabrische Küche mit originalen Zutaten im stilvoll-eleganten Lokal. ■ Hein-Köllisch-Platz 6, Tel. 040/31 27 58, www.osteriadelprete.de, Di–Fr 18–23.30, Sa, So 17–23.30 Uhr

23 Karolinenviertel

Bunt-alternativer Winkel mit Szeneläden im Schatten des Fernsehturms

■ U 2 Messehallen, U 3 Feldstraße

■ Zwischen Hamburg Messe und Neuer Pferdemarkt, Feldstraße und Schlachthof

Das kleine, enge »Karoviertel« unterhalb des Fernsehturms sollte in den 1960er-Jahren zugunsten einer Messeerweiterung abgerissen werden. Viele Häuser waren heruntergekommen, doch der billige Wohnraum zog junge Menschen und Arbeitsmigranten an. Das ehemalige Arme-Leute-Quartier entlang der Marktstraße mit seinen Hinterhöfen und engen Stichstraßen verwandelte sich in ein buntes Alternativviertel mit zahlreichen Cafés, Kneipen, Kreativwerkstätten und ausgefallenen Geschäften. Viel alte Bausubstanz wurde mittlerweile durch Neubauten ersetzt. Die Karolinenpassage zwischen Karolinenstraße und Glashüttenstraße ist noch Zeugnis der alten, sehr dichten Bebauung.

Südlich wird das Viertel vom Heiligengeistfeld begrenzt, auf dem dreimal jährlich der Hamburger Dom stattfindet, der größte Jahrmarkt in Norddeutschland. Westlich des Platzes liegt das Millerntor-Stadion, in dem der FC St. Pauli beheimatet ist.

Im Blickpunkt

Hamburger Dom

Riesenrad und Autoscooter, Losbuden, Wurstbratereien, Geisterbahn und Wahrsagerinnen, gebrannte Mandeln und Zuckerwatte – im Frühjahr, Sommer und Winter bietet der Hamburger Dom jeweils vier Wochen lang viel traditionelles Vergnügen, aber auch Hightech-Karussells und digitale Spektakel. Der Name verrät den ursprünglichen Standort: Seit dem 11. Jh. gibt es diese Kirmes, bis 1804 fand sie im Winter im Mariendom statt, seit 1893 auf dem Heiligengeistfeld. Zum Winterdom im Dezember kamen 1947 und 1948 der Frühjahrs- und der Sommerdom hinzu. Das Volksfest des Nordens zieht alljährlich mehrere Millionen Menschen an, jeden Freitag wird ein großes Feuerwerk gezündet. www.hamburg-dom-aktuell.de

Sehenswert

Feldstraßenbunker

| Architektur |

Der 1942 von Zwangsarbeitern an der Feldstraße erbaute Luftschutzbunker mit 3,5 m dicken Betonwänden bot Schutz vor Luftangriffen und diente als Flak-Stellung. Da man ihn nach Kriegsende nicht sprengen konnte, wurde er als Sockel für Richtfunk- und Fernmeldeantennen genutzt und beherbergt heute Fotostudios, Medienfirmen und eine Diskothek. Bald soll der Bunker begrünt und mit einem Hotel, einer Sporthalle sowie einem öffentlichen Park auf einem pyramidenförmigen Dach aufgestockt werden.

■ Feldstr. 66

Heinrich-Hertz-Turm

| Turm |

An der Nordostecke des Karoviertels erhebt sich der von 1965 bis 1968 nach Entwürfen von Fritz Trautwein erbaute, 279 m hohe Fernsehturm, benannt nach dem Hamburger Physiker Heinrich Hertz. Nach einer Grundsanierung soll das in 127 m Höhe befindliche Drehcafé mit spektakulärem Blick ab 2022 wieder eröffnet werden.

■ Lagerstr. 2

Israelitische Töchterschule

| Gedenkstätte |

Die 1853 gegründete, seit 1884 hier ansässige Israelitische Töchterschule war Vorreiter höherer Bildung und moderner Pädagogik. Bis zur Schließung im Sommer 1942 wurden hier die letzten noch nicht deportierten jüdischen Kinder der Stadt unterrichtet. Eine Gedenkstätte für die NS-Verfolgten im originalen Naturkunderaum von 1930 informiert auch über Hamburgs jüdische Schulgeschichte. Seit 1997 heißt die Schule nach ihrem letzten Leiter Dr.-Alberto-Jonas-Haus und ist Ort kultureller Veranstaltungen.

■ Karolinenstr. 35, Tel. 040/428 41 14 93, Do 14–18 Uhr, Eintritt frei

Das Karolinenviertel steht für unkonventionelle Läden und lockere Menschen

Parken

Ein bewachter Parkplatz befindet sich auf dem Heiligengeistfeld (nicht während der Dom-Wochen). Ein gebührenpflichtiges Parkhaus beherbergt der Komplex Rindermarkthalle.

Restaurants

€ | **Rindermarkthalle** In einem ehemaligen Supermarkt wurde eine Vielzahl kleiner Restaurants und Imbisse eingerichtet – von Currywurst bis vegan. ■ Neuer Kamp 31, www.rindermarkthalle-stpauli.de, Mo–Sa 10–20 Uhr

11 €€ | **Philipps Restaurant** Sterneküche für jedermann: Chefkoch Philipp Johann zaubert in seinem unscheinbaren Restaurant im Tiefparterre kreative Gerichte auf höchstem Niveau. Unbedingt reservieren! ■ Turnerstr. 9, Tel. 040/63 73 51 08, www.philipps-restaurant.de, Di–Sa 17–22 Uhr

Cafés

Café Klatsch Familienbetrieb mit variationsreichem Frühstück und ab 15 Uhr tollen selbst gebackenen Kuchen. Dazu gibt's Pasta, Suppen und frische Salate. ■ Glashüttenstr. 17, www.cafe-klatsch-hamburg.de, Tel. 040/439 04 43, tgl. 10–20 Uhr

Einkaufen

Kochkontor Mit 3000 Titeln das wohl größte Kochbuchangebot Hamburgs, dazu ausgefallenes Küchenzubehör. Bewirtung mit Mittagstisch, Kaffee und Kuchen. ■ Karolinenstr. 27, Tel. 040/43 21 60 36, www.koch-kontor.de, Mo–Fr 10–19, Sa 11–17 Uhr

Schalloch Gitarren, Bässe und Perkussioninstrumente aller Art, Literatur und Noten – eine Institution seit 1978. ■ Karolinenstr. 4–5, Tel. 040/43 84 94, www.schalloch.de, Mo–Mi 10–19, Do, Fr 10–20, Sa 10–16 Uhr

Events

Millerntor Gallery Das mehrtägige karitative Musik- und Kulturevent verwandelt das St.-Pauli-Stadion in den Sommermonaten in eine riesige Kunstgalerie. ■ www.millerntorgallery.org

Entspannung

Hamam Türkisches Bad für Groß und Klein (ab 10 Jahre) – die orientalische Variante von Sauna, Wellness & Co. ■ Feldstr. 39, Tel. 040/41 35 91 12, www.dashamam.de, Mo–Mi, Fr 10–22, Sa, So 11–21 Uhr, ab 35 €/Pers. für 3 Std., nur nach Vereinbarung

24 Schanzenviertel

Geliebtes und umstrittenes Szeneviertel mit mediterranem Flair

■ U 3, S 1 Sternschanze
■ Zwischen Neuem Pferdemarkt, Schanzenstraße und Max-Brauer-Allee

1682 bildeten die sternförmigen Verteidigungsschanzen einen Außenposten der Wallanlagen. Heute prägen alternative Kultur, kleine Boutiquen, Straßencafés und eine große Portion Multikulti das Leben. Zur Identität der »Schanze« gehörten die besetzte »Rote Flora« und der Widerstand gegen Gentrifizierung. Bei gutem Wetter wird hier einem entspannten Laissez faire unter freiem Himmel gefrönt: Dann findet man kaum eine Straße ohne Lokale und Cafés mit herausgestellten Tischen, an denen bis weit in die Nacht gegessen, getrunken, gefeiert wird.
Insbesondere entlang der Straße Schulterblatt – um 1700 stand hier ein Gasthaus mit dem Schulterblatt eines Wals als Aushängeschild – gibt es einen bunten Mix aus linken Buch- und Plattengeschäften, Klamotten-, Krimskrams- und Trödelläden und gastronomischen Urgesteinen wie der Taverna Romana (Nr. 53), der Taverna Olympisches Feuer (Nr. 36), der Konditorei Café Stenzel (Nr. 61) oder dem beliebten

Portugiesen Transmontana (Nr. 86). Hier, gegenüber der alternativen Kulturzentren Rote Flora (Nr. 71) und Haus 73 (Nr. 73), weitet sich die Straße zu einer Art Piazza mit unzähligen Tischen vor den Kneipen, die zu Espresso, regionalem Bier und leckerem Essen einladen.

Sehenswert

Rote Flora

| Kulturzentrum |

Vom Konzerthaus Flora zum Krimskrams-Kaufhaus »1000 Töpfe«: Die Flora hat eine bewegte Geschichte. 1989 verhinderten Besetzer den Bau eines Musical-Theaters und verwandelten das bereits teilweise abgerissene Gebäude in ein kollektiv betriebenes Kulturzentrum. Inzwischen ist die Rote Flora ein Ort für nichtkommerzielle Kulturarbeit und Kristallisationspunkt des Widerstandes gegen die Gentrifizierung des Schanzenviertels.

■ www.rote-flora.de

Gefällt Ihnen das?

Wer sich in der Roten Flora zu Hause fühlt, sollte auch das bunte, quirlige Treiben entlang der **Langen Reihe** (S. 147) im Stadtteil St. Georg kennenlernen.

Haus 73

| Kulturzentrum |

Alternatives Zentrum für Theateraufführungen, Konzerte, Lesungen, Performances, Gastlichkeit im kleinen Café u.v.m. Eine Besonderheit ist das Kino: Man sitzt auf Sesseln und kann den Film per Kopfhörer zweisprachig – original oder Deutsch – hören.

■ Schulterblatt 73, Tel. 040/43 09 39 75, www.dreiundsiebzig.de

Sternschanzenpark

| Park |

Das rund 12 ha große Naherholungsgebiet erstreckt sich rings um den historischen, heute als Hotel genutzten Wasserturm und wartet mit Liegewiesen, naturbelassenen Spielplätzen und Boule-Bahnen auf. Im Juli/August wird ein Open-Air-Kino aufgebaut.

■ Kleiner Schäferkamp bzw. Schröderstiftstraße, U 2, U 3 Schlump, U 3, S 1, S 21 Sternschanze

Parken

Kostenpflichtiger Parkplatz auf dem Heiligengeistfeld und außerhalb der Messezeiten in der Lagerstraße.

Restaurants

€ | Erikas Eck Paradies für Nachtschwärmer (Küche die ganze Nacht geöffnet!) im seit 40 Jahren unveränderten Lokal. Ab 24 Uhr Frühstück und lecker belegte Brötchen. ■ Sternstr. 98, Tel. 040/43 35 45, www.erikas-eck.de, Mo–Fr 17–4, Sa, So 17–9 Uhr

(12) **€€ | Braugasthaus Altes Mädchen** Neben dem hier gebrauten Hausbier »Ratsherren« gibt es 60 weitere Craft-Biere plus deftige Speisen und garantiert viel Stimmung. ■ Lagerstr. 28 b, Tel. 040/800 07 77 50, de.http://altes-maedchen.com, Mo–Sa ab 12, So ab 10 Uhr

Cafés

Herr Max Die kleine Patisserie im alten Milchgeschäft aus dem Jahr 1905 überzeugt mit ihren ungewöhnlichen Tortenkreationen und Pralinen. ■ Schulterblatt 12, Tel. 040/69 21 99 51, www.herrmax.de, tgl. 10–21 Uhr

25 Altona

Durch die Geschichte von Hamburgs Schwesterstadt

Dem Altonaer Rathaus sieht man seinen Ursprung als Bahnhof heute nicht mehr an

Information

- Das Altonaer Rathaus ist per U- oder S-Bahn bis Altona erreichbar.
- Parkmöglichkeiten gibt es in den Parkhäusern am Bahnhof oder am Einkaufszentrum Mercado.

Sehenswert

a Altonaer Rathaus

| Architektur |

1844 endete am von Gottfried Semper entworfenen Dänischen Bahnhof die Bahnlinie nach Kiel. Als ab 1890 ein neuer Bahnhof entstand, ließen Altonas Stadtväter das alte Terminal zum Neuen Rathaus umgestalten. Der neoklassizistische Flügelbau trägt am Giebel zum Platz der Republik ein von Karl Gerbers und Ernst Barlach gestaltetes Relief: ein Schiff in schwerer See, das die Stadt Altona symbolisieren soll.
Symbolträchtig auch das 1898 enthüllte Reiterstandbild von Kaiser Wilhelm I. An seinem Sockel sollen zwei Grazien die Herzogtümer Schleswig- und Holstein versinnbildlichen – Altona gehörte noch bis 1937 zu Schleswig-Holstein. Am anderen Ende des Platzes der Republik hat Paul Türpe im Jahr 1900 mit dem Stuhlmannbrunnen die Konkurrenz der beiden Städte Altona und Hamburg in Gestalt zweier sich um

Plan
S. 122

einen Fisch streitenden Zentauren zum Ausdruck gebracht.

■ Platz der Republik 1

b Black Form

| Mahnmal |

Im Jahr 1987 schuf der US-amerikanische Künstler Sol LeWitt einen 5,5 mal 2 mal 2 m großen schwarzen Quader, der seit 1989 in 60 m Entfernung parallel vor dem Altonaer Rathaus steht und den in der NS-Zeit vertriebenen und ermordeten Juden gewidmet ist. Seine Wirkung entfaltet Black Form, wenn man das Mahnmal vom Platz der Republik aus betrachtet: Aus dem Bild des Altonaer Rathauses – also: aus Altona – wird immer ein Stück fehlen, nämlich die jüdische Bevölkerung.

■ Platz der Republik

c Altonaer Museum

| Museum |

Die Sammlungen dieses Regionalmuseums fokussieren auf Kultur, Brauchtum und Volkskunde Norddeutschlands. Neben den Ausstellungen zu Schifffahrt und Fischerei werden fast ausgestorbene Handwerke wie Seilmacher, Schiffszimmerer und Segelmacher vorgestellt. 17 historische Bauernstuben dokumentieren das Landleben vom 17. bis 20. Jh. Auch die Kultur des kleinstädtischen Altona ist erfahrbar. Eine original Vierländer Kate wurde zum Restaurant umgestaltet. Mit dem Kinderolymp gelingt es dem Haus, Kinder für historische Themen zu begeistern.

■ Museumstr. 23, Tel. 040/42 81 35 35 82, www.altonaermuseum.de, Mo, Mi–Fr 10–17, Sa, So 10–18 Uhr, 8,50 €, erm. 5 €, unter 18 Jahre frei

d Palmaille

| Architektur |

Südwestlich des Rathauses endet die Palmaille. 1638 entstand hier zwischen vier Baumreihen eine Anlage für das Boule-ähnliche Kugelspiel »palla di maglio«, von dem sich der Straßenname ableitet. 1800 schuf der dänische Architekt Christian Frederik Hansen eine klassizistisch gestaltete Häuserzeile. Heute sind in den noblen Bürgerhäusern Reedereien, Anwaltskanzleien, Konsulate und Behörden ansässig. Toreinfahrten gewähren den Blick in stilvoll bebaute Innenhöfe.

e Altonaer Balkon

| Aussichtspunkt |

27 m oberhalb der Elbe erhebt sich der Geesthang am Ende der Max-Brauer-Allee: Der Altonaer Balkon ist nicht nur beliebtes Spazierziel und Etappe des Elbwanderwegs, sondern der perfekte Ort, um das Treiben auf den Containerterminals am Südufer der Elbe zu beobachten. Unterhalb liegen das Bürogebäude Dockland und ehemalige Fischhallen und Fabrikgebäude, die längst zu Bürolofts umgebaut wurden. 1968 schuf Gerhard Brandes die Bronzeplastik von Fischern, die sechs Paddel in den Himmel strecken.

f Christianskirche

| Kirche |

Die 1735–1738 errichtete barocke Saalkirche wurde nach dem dänischen König Christian IV., einem bedeutenden Förderer Altonas, benannt. Nach schweren Kriegsschäden 1946–1952 wieder aufgebaut, birgt sie wertvolle Objekte vom Taufstein von 1744 über die barocke Kanzel bis zu Holzkruzifixen aus der Zeit um 1900. Hans Gottfried von Stockhausen schuf 1968 das Bild »Das Loblied der Erlösten« für den ehemaligen Kanzelaltar sowie die Fenster im Turmraum. Im Turm bilden 42 Glocken das älteste handgespielte Glockenspiel (Carillon) Deutschlands. Der Friedhof rings um die Kirche wurde von 1758 bis 1929 genutzt. Vor dem Südportal ruht der Dichter Friedrich Gottlieb Klopstock (1724–1803), seine erste Frau Margareta (genannt Meta) sowie seine zweite Gattin Elisabeth.

■ Klopstockplatz, www.kirche-ottensen.de

g Jüdischer Friedhof

| Friedhof |

Auf dem 1,9 ha großen Areal des ältesten portugiesisch-jüdischen Friedhofs Nordeuropas und zugleich Hamburgs ältestem jüdischen Friedhof wurden rund 9000 Bestattungen durchgeführt. 7600 Gräber sind noch vollständig oder in Fragmenten erhalten. Das einzigartige Gelände von unschätzbarem kulturellen Wert steht seit 1960 unter Denkmalschutz und wurde 2017

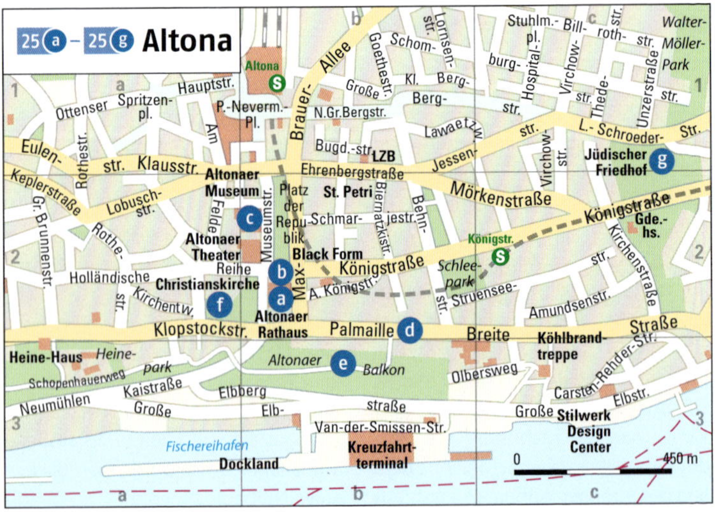

Der Altonaer Balkon – ein Spitzenplatz für das Shipspotting auf der Elbe

für die Aufnahme in die Weltkulturerbeliste der UNESCO vorgeschlagen. ■ Königstr. 10 a, www.jüdischer-friedhof-altona.de, April–Sept. Di, Do 15–18, So 14–17 Uhr und an jüdischen Feiertagen, Führungen So 12 Uhr (nicht an allgemeinen und jüdischen Feiertagen), 5 €

Restaurants

€€ | Restaurant Kleine Brunnenstraße 1 Saisonale, regionale Küche, bodenständig, aber kreativ und von erstklassiger Qualität. Reservieren! ■ Kleine Brunnenstr. 1, Tel. 040/39 90 77 72, www.kleine-brunnenstrasse.de, Mo–Sa 12–15 und ab 18, So ab 18 Uhr, Plan S. 122 a1

€€ | Zur Traube 1919 eingerichtete Weinstube mit rustikalem Ambiente auf zwei Stockwerken, erlesenen Weinen und leckeren Speisen. ■ Karl-Theodor-Str. 4, Tel. 040/39 90 82 36, www.zur-traube-hamburg.de, Di–Sa ab 18, So ab 17 Uhr, Plan S. 122 a2

Kinder

Festland Erlebnisbad mit toller Dinowelt, Deutschlands größter Wasserspiellandschaft und einer Sauna. ■ Holstenstr. 30, Tel. 040/18 88 90, www.baederland.de/bad/festland.html, Mo–Fr 9–23, Sa, So 10–23 Uhr, ab 6,50 €, erm. ab 3,20 €, Plan S. 122 nördl. c1

Sonntagskinder Offenes Mal- und Bastelangebot für Kinder im Altonaer Museum (S. 121). Begleitung durch Eltern optional, ohne Anmeldung. ■ So 13–16 Uhr, 2 € für Materialien. www.altonaermuseum.de, Plan S. 122 b2

Events

Altonale Das zweiwöchige Stadtteilkulturfest in Altona besuchen bis zu 600 000 Menschen. Es steigt alljährlich Anfang Juni und findet mit einem dreitägigen Straßenfest seinen Abschluss. ■ www.altonale.de

ADAC *Spartipp*

Hamburgs preiswerteste **Stadtrundfahrt** heißt 111 – diese Buslinie fährt vom Platz der Republik in Altona über St. Pauli an 16 Sehenswürdigkeiten entlang bis zur HafenCity Universität. Ob Altonaer Balkon oder Davidwache, Fischmarkt oder Landungsbrücken, St. Michaelis oder Speicherstadt, Elbphilharmonie oder Marco-Polo-Tower – alles inbegriffen. Die 30-minütige Fahrt kostet 3,20 €, bis 6 Jahre ist sie frei. Besonders praktisch: Mit einem Tagesticket oder der Hamburg Card kann man überall aussteigen und alle 20 Min. mit dem nächsten 111er weiterfahren – von 5 Uhr früh bis 23 Uhr nachts. www.hvv.de

26 Ottensen

Vom ehemaligen Arbeiterquartier zum Multikulti-Wohnviertel

■ S 1, S 3 Altona

Bis Mitte des 19. Jh. noch ein Bauerndorf, begannen in Ottensen außerhalb der Hamburger Zollschranken seinerzeit Fischfabriken, Zigarrendreher und Maschinenhersteller ihre Produktion. Handwerker, Händler und Kaufleute, Hafenarbeiter: Glanz und Gloria gab es hier nie. In den engen Straßen erinnern noch ein paar historische Sahlhäuser, etwa in der Zeißstraße oder der Großen Brunnenstraße, an die damaligen Lebensbedingungen. Sie besitzen in der Hausmitte drei Eingangstüren direkt nebeneinander – eine für den kleinen Wohnraum im Erdgeschoss, eine für den rechten Wohnraum, in der Mitte die Tür zur Treppe ins Obergeschoss mit zwei kleinen Wohnungen. Es gab kein Elend wie in den Hamburger Gängevierteln, aber die Arbeitsbedingungen waren oft ungesund.

Heute kann man entlang der Ottenser Hauptstraße und Bahrenfelder Straße buntes Treiben erleben: Die Geschäfte für den täglichen Bedarf sind noch nicht – wie in anderen Stadtteilen – vollständig von Boutiquen oder teuren Restaurants verdrängt. An der Kreuzung Friedensallee und Bahrenfelder Straße laden viele Cafés zum Verweilen ein.

Sehenswert

Ehemaliger jüdischer Friedhof

| Gedenkstätte |

Internationale Schlagzeilen machte der von 1663 bis 1934 bestehende, nach 1939 zerstörte jüdische Friedhof, als hier das Einkaufszentrum Mercado gebaut wurde. 1988 besetzten aufgebrachte Rabbiner den Bauplatz und standen der räumbereiten Polizei gegenüber. Nach dem Schiedsspruch des Jerusalemer Oberrabbiners musste auf Tiefbauarbeiten verzichtet und der Erhalt noch vorhandener Gräber sichergestellt werden. Gedenktafeln im Tiefparterre nennen die Namen der etwa 4500 hier bestatteten Menschen.

■ Zwischen Ottenser Hauptstraße und Großer Rainstraße

Zeisehallen

| Kulturzentrum |

Bis in die 1970er-Jahre wurden hier riesige Schiffsschrauben hergestellt, heute sind die Zeisehallen ein attraktiver Treffpunkt Ottensens. Die Zeise-Kinos (www.zeise.de) mit anspruchsvol-

Überschaubar und bunt, nahbar und einladend: der lebensfrohe Stadtteil Ottensen

lem Programm ziehen Kulturfreunde an, kleine Firmen besiedeln die Büros der Galerie. Das Restaurant Eisenstein (www.restaurant-eisenstein.de) mit seiner kreativen Küche ist mittäglicher Treff für Büroarbeiter der Umgebung und wird für seine Pizza gerühmt.

■ Friedensallee 7–9

Fabrik

| Veranstaltungszentrum |

Der kirchenschiffähnliche Mittelbau sowie zwei dreigeschossige Seitenschiffe der ehemaligen Altonaer Maschinenbaufabrik verraten, dass sich auch Industriearchitektur bisweilen an sakralen Vorbildern orientierte. Seit

Im Blickpunkt

Containerterminals

Hoch wie ein Häuserblock rollen sie auf Schienen heran. Viele Meter lange Ausleger strecken sich weit über das Schiff, mächtige Greifer rauschen hinab und ziehen stählerne Kisten aus dem Schiffsbauch. Container-Ladebrücken sind gigantische Geräte, die in Windeseile an den Hamburger Containerterminals die größten Schiffe der Welt entladen und wieder vollpacken. Sie tun das rund um die Uhr, bei Sonne und Wind, Nacht und Nebel: Hamburgs Containerterminals schlafen nie. 2016 wurden 8,9 Mio. der Normboxen umgeschlagen – über 24 380 pro Tag oder 1024 pro Stunde. V. a. nachts – wenn die Anlagen und die bunten Stahlkisten hell ausgeleuchtet werden – ist das ein faszinierendes Schauspiel.

Süße Verlockung für Leckermäuler jeden Alters: der Bonscheladen

dem Jahr 1971 beherbergt die Fabrik Hamburgs bekanntestes alternatives Kulturzentrum. Sie ist Auftrittsort weniger bekannter internationaler Musiker aller Genres, Ort für Flirt-Partys, Flohmärkte, Lesungen und Theater. Es gibt außerdem Slow-Food-Veranstaltungen und ein vielseitiges Beschäftigungsprogramm für Kinder.
■ Barnerstr. 36, www.fabrik.de

Restaurants

€ | **Filmhauskneipe** Es gibt einfache saisonale Gerichte mit internationaler Note, liebevoll und gekonnt zubereitet. Täglich wechselnde Karte. ■ Friedensallee 7, Tel. 040/39 90 80 25, www.filmhauskneipe.de, tgl. ab 12 Uhr

€€ | **Goldene Gans** Gehobene Bistroküche mit internationalen Standards. Der Schwerpunkt liegt auf regionalen Gerichten und gekonnt zubereitetem Fisch. Abwechslungsreiche Tageskarte. ■ Rothestr. 70, Tel. 040/39 90 98 78, www.goldene-gans.eu, tgl. 9–23 Uhr

Einkaufen

Druckwerkstatt Ottensen Feinste Papiere, Schachteln, Karten aus eigener Produktion. ■ Ottenser Hauptstr. 46–48, Tel. 040/398 63 60, www.druckwerkstatt-ottensen.de, Mo–Fr 10–19, Sa 10–18 Uhr

Kinder

Bonscheladen Hier werden rund 70 Sorten Bonbons und andere Süßigkeiten im Ladengeschäft produziert. ■ Friedensallee 12, Tel. 040/41 54 75 67, www.bonscheladen.de, Di–Fr 11–18.30, Sa 11–16 Uhr, Schauproduktion Di–Fr 16.15, Sa 14.30 Uhr

Am Abend

Bunt, ausgelassen, turbulent – so ist das Nachtleben in St. Pauli und den alternativen Stadtteilen. Klar, dass auf der »Kiez« genannten Reeperbahn Frivoles und Laszives hoch im Kurs stehen, aber insgesamt haben sich die Viertel zu Zentren feiernder junger Erwachsener gewandelt – mit einem breiten Angebot an Musikkneipen, Bars und Clubs. Die vielen Bühnen präsentieren Unterhaltung von Travestie und Kabarett über Musicals bis zu klassischen Stücken.

Bühne

Altonaer Theater Attraktives Programm aus ambitionierten Unterhaltungsstücken und Literaturadaptionen. ■ Museumsstr. 17, Tel. 040/39 90 58 70, www.altonaer-theater.de

Imperial Theater Deutschlands größte Krimi-Bühne präsentiert Klassiker, Kriminalkomödien und Psychothriller. ■ Reeperbahn 5, Tel. 040/31 31 14, www.imperial-theater.de

Neue Flora Vierstöckiges Musical-Haus und Bühne für Klassiker wie »Phantom der Oper« oder »Aladin«. ■ Stresemannstr. 159 a, Tel. 018 05/44 44 44, www.stage-entertainment.de

Olivia's Show Club Vielfältiges Programm aus Burlesque, Travestie, Comedy – schräg und schrill. ■ Große Freiheit 27, Tel. 040/42 10 33 48, www.olivia-jones.de, Fr, Sa ab 20 Uhr

Stage Operettenhaus Top-Standort für Musicals – tolle Unterhaltung vom Udo-Lindenberg-Stück »Hinter dem Horizont« bis zu »Kinky Boots«. ■ Spielbudenplatz 1, Tel. 018 05/44 44 44, www.stage-entertainment.de

Schmidt Theater Eine der bekanntesten Adressen für Comedy und kleine Musicals sowie mitternächtliche Comedian-Shows. ■ Spielbudenplatz 24–25, Tel. 040/31 77 88 99, www.tivoli.de

Schmidt's Tivoli Großes Musiktheater mit Top-Varieté-Programmen. Als Dauerbrenner läuft das amüsante St.-Pauli-Musical »Heiße Ecke«. ■ Spielbudenplatz 27–28, Tel. 040/31 77 88 99, www.tivoli.de

St.-Pauli-Theater Hamburgs ältestes Privattheater von 1898 bietet an der Reeperbahn neben der Davidwache hervorragende Darbietungen von Kabarettisten, daneben Boulevardstücke und Literaturadaptionen. ■ Spielbudenplatz 29–30, Tel. 040/47 11 06 66, www.st-pauli-theater.de

Konzert

Dock's Einer der angesehensten Auftrittsorte Hamburgs für namhafte Rock-, Pop- und HipHop-Bands aus dem In- und Ausland. ■ Spielbudenplatz 18, Tel. 040/317 88 30, www.docks-prinzenbar.de

Fabrik Singer-Songwriter, Rock, Jazz oder Weltmusik – also ein breites Musikrepertoire, dazu gibt es Tanzabende und Flohmärkte in der einstigen Maschinenfabrik. ■ Barnerstr. 36, Tel. 040/39 10 70, www.fabrik.de

Große Freiheit 36 Traditioneller Live-Act-Club für international renommierte Musiker mit weiteren Bühnen im Kaiserkeller und der Galerie 36.

■ Große Freiheit 36, Tel. 040/31 77 78 10, www.grossefreiheit36.de

Grünspan Schon fast legendärer Spielort für laute Rock- und Pop-Konzerte. ■ Große Freiheit 58, Tel. 040/31 79 34 83, www.gruenspan.de

Kneipen, Bars und Clubs

Chambre Basse Stilvolle Bar für gepflegte Cocktails, Longdrinks, französische Weine und Liköre. ■ Schulterblatt 73, www.chambre-basse.de, Mo–Do 18–1, Fr–So 18–3 Uhr

Christiansen's Preisgekrönte Cocktails für Bar-Liebhaber am Rande des Kiezes. ■ Pinnasberg 60, Tel. 040/317 28 63, www.christiansens.de, Mo–Do 20–2, Fr 20–3, Sa 20–4 Uhr

Clockers Die auf Gin spezialisierte Cocktailbar auf St. Pauli wartet mit eigener Spirituosenherstellung auf. ■ Paul-Roosen-Str. 27, Tel. 0179/976 94 35, http://clockers.hamburg/de, Mo–Do 19–1, Fr, Sa 19–3 Uhr

clouds Heavens Bar & Kitchen Höher geht nicht: Drinks 105 m über dem Wasserspiegel, auf der riesigen Dachterrasse »Heavens's nest« auch open air. ■ Tanzende Türme, Reeperbahn 1, Tel. 040/30 99 32 80, www.clouds-hamburg.de, tgl. 17–23 Uhr

13 **Frau Hedis Tanzkaffee** Ein Club auf dem Wasser: Die Musik-Barkasse mit DJs und Bands fährt von Mai bis August nachts durch den Hafen und bietet witzige Themen und Musikmixe. Man kann stündlich zusteigen. ■ St. Pauli-Landungsbrücken, Brücke 10, www.frauhedi.de, Tickets im Vorverkauf (Tel. 040/98 23 44 83) oder an der Abendkasse, ab 10 €

Halo Club Zweistöckiger Club, in dem regelmäßig international renommierte DJs auflegen. ■ Große Freiheit 6, Tel. 040/87 87 06 80, http:/halo.club, Do–Sa 23–6 Uhr

Herzblut St. Pauli Kultige Bar und Restaurant direkt am Kiez mit engagierter Küche und großer Cocktailbar. ■ Reeperbahn 50, Tel. 040/33 39 69 33, www.herzblut-st-pauli.de, Mo–Fr ab 17, Sa, So ab 13 Uhr

Knust Kleiner Nachtclub mit vielen Livekonzerten von Indie-Bands aus dem Rock- und Acoustic-Genre. ■ Neuer Kamp 30, Tel. 040/87 97 62 30, www.knusthamburg.de

La Paloma Die von dem Künstler Max Immendorf 1984 eröffnete Kneipe bietet ihren Gästen eine einzigartige Mixtur aus Schlagern, Bier und aktueller Kunst an den Wänden. ■ Friedrichstr. 11, Tel. 040/31 97 55 81, www.la-paloma-hh.de, Di–So ab 19 Uhr

Mojo Club Jazz, Soul, Bossa Nova und Electric – live im Konzert oder stilsicher aufgelegt von Top-Stamm-DJs. ■ Reeperbahn 1, Tel. 040/319 19 99, www.mojo.de, Jazz-Café tgl. ab 23, Mojo Club Fr, Sa ab 23 Uhr

Skyline Bar 20up Die Bar ist 20 m lang, die 7 m hohen Panoramafenster geben einen atemberaubenden Blick auf Hamburg frei, und die Drinks sind erstklassig. ■ Empire Riverside Hotel, Bernhard-Nocht-Str. 97, Tel. 040/31 11 97 04 70, www.empire-riverside.de, So–Do 18–2, Fr, Sa 18–3 Uhr

StrandPauli Südsee-Feeling gegenüber von Frachtern und Schwimmdocks? Der Beach Club Strand Pauli lädt ein zum Relaxen. Dazu genießt man seinen Drink auf feinem Sand. ■ Hafenstr. 89, www.strandpauli.de, im Sommer tgl. ab 11 Uhr

The Chug Club Cocktailbar des Jahres 2017 mit Fokus auf Tequila – serviert als Shot und Shortdrink, damit man viele Sorten probieren kann. ■

Taubenstr. 13, Tel. 040/35 73 51 30, www.thechugclub.bar, tgl. ab 18 Uhr

The Rabbithole Stilvoll-elegante Raucherbar mit fantasievollen Cocktails am Rande der Reeperbahn. ■ Kleine Freiheit 42, Tel. 040/75 36 43 33, Mo–Do 18–1, Fr, Sa 18–3 Uhr

Kinos

B-Movie Engagiertes Programmkino mit sehr ausgefallenen thematischen Monatsprogrammen und Filmreihen. ■ Brigittenstr. 5, Tel. 040/430 58 67, www.b-movie.de

Übernachten

Die Hotels von St. Pauli bis Altona: Das sind heute keine billigen Absteigen mehr, sondern individuelle, teils kultige Häuser von preisgünstig bis luxuriös, die in erster Linie als Standorte für nächtliche Streifzüge genutzt werden, aber auch für längere Aufenthalte geeignet sind. Direkt am Kiez kann es laut sein, in Nebenstraßenlagen schläft man deutlich ruhiger.

€

Hotel 66 Dieses kleine, einfach ausgestattete Budget-Hotel auf St. Pauli erweist sich als gute Location, um das Nachtleben zu genießen. ■ Hein-Hoyer-Str. 66–68, Tel. 040/31 99 96 05, www.hamburg-hotel66.de

Hotel Cabo Kleines, komfortables, von warmen Farben geprägtes Hotel am Rande Altonas mit zuvorkommendem Service. ■ Holstenstr. 119, Tel. 040/432 93 10, www.hotel-cabo.de

Hotel Heimat St. Pauli Zentral gelegenes, junges Haus mit viel Kiez-Flair. ■ Friedrichstr. 29, Tel. 0177/269 56 21, www.heimat-st-pauli.de

Schanzenstern Altona Einfaches alternatives Gästehaus mit Zwei- und Mehrbettzimmern bzw. Apartments plus Bio-Frühstück, zentral in Altona gelegen. ■ Kleine Rainstr. 24–26, Tel. 040/39 91 91 91, www.schanzenstern.de

€€

Cityhotel Monopol Kultiges Hotel direkt an der Reeperbahn, in dem gerne auch mal Künstler absteigen. ■ Reeperbahn 48–52, Tel. 040/31 17 70, www.smartcityhotel.com

Das Ferienhäuschen Das gibt's tatsächlich: ein stilvoll eingerichtetes Ferienhäuschen auf St. Pauli für bis zu sechs Personen, besonders für Familien mit Kindern geeignet. ■ Paul-Roosen-Str. 7, Tel. 0170/735 08 50, www.dasferienhäuschen.de

Egon Hotel Hamburg City Zentral am Westende der Reeperbahn gelegenes 148-Zimmer-Haus mit modern eingerichteten, komfortablen Zimmern. ■ Königstr. 4, Tel. 040/311 82 10, www.egonhotel.de

Fritz im Pyjama Kleines alternatives Hotel mit privatem Charakter und angenehmem Komfort am Rand des Schanzenviertels. ■ Schanzenstr. 101–103, Tel. 040/82 22 28 30, www.fritz-im-pyjama.de

Hotel Commodore Das günstig am Rand St. Paulis befindliche Haus überzeugt mit geräumigen, gepflegten Zimmern und einem guten Service. ■ Budapester Str. 20, Tel. 040/31 99 96 03, www.hotel-commodore.de

Elbabwärts von Övelgönne bis Wedel

Wie eine Perlenkette aufgereiht ziehen sich Attraktionen und Parks flussabwärts an der Elbe dahin – immer der Nordsee entgegen

Von der großbürgerlichen Handelsmetropole zum mondänen Fischerdorf und dazwischen viel von Menschenhand gestaltete Natur: Elbabwärts zeigt Hamburg zwischen Övelgönne und Blankenese besondere Seiten. Entlang der Elbchaussee bauten die reichen Hanseaten ihre Residenzen inklusive klassisch gestalteter Parks, die sich wie eine Perlenkette aneinanderreihen. Spektakuläre Blicke vom hohen Geestrand hinunter auf den Fluss und nach Süden machen die Tour zu einem Erlebnis.

Die früher an der Elbe ansässigen Fischer, Seeleute und Handwerker haben kaum Spuren hinterlassen: Nur die Kapitänshäuser in Övelgönne und die 10 km flussabwärts gelegenen, kleinen Häuschen in Blankenese zeugen noch von historischen Zeiten. Trotzdem gibt es maritime Eindrücke in Hülle und Fülle: Schiffe aller Größen und Klassen, Reedereien und Nationalitäten sind ständige Begleiter auf dem Weg hinaus Richtung offener See, die erst gute 100 km hinter Wedel beginnt.

Schon hier riecht es nach Meer, Möwen kreischen, in den Mühlenberger und Blankeneser Jollenhäfen liegen Sportboote vertäut – so heißt »festgebunden« in der Seemannssprache – und tanzen im Wellengang der Containerriesen ihr Ballett. Da kann schnell Sehnsucht nach dem weiten Ozean aufkommen, und die Hamburg immer häufiger anlaufenden Kreuzfahrtschiffe laden zur Mitfahrt ein.

Ob man sich von der Architektur des 19. und 20. Jh., kleinen Künstlerhäusern oder von Hamburgs Lebensader Elbe beeindrucken lassen will: Hier bietet die Stadt beides. Hinter dem einzigartigen, geschäftigen Blankenese locken noch Polterberg, Tafelberg und Falkenstein zu Spaziergängen, ehe es in Wedel wieder richtig urban wird.

In diesem Kapitel:

ADAC Top Tipps:

8 Blankenese
| Stadtviertel |
Der beliebte, auf Hügeln gelegene Vorort am Elbstrand verzaubert Besucher dank Süllberg und Treppenviertel mit einem Mix aus südländischem und kleinstädtischem Flair. 138

ADAC Empfehlungen:

14 Strandperle
| Café |
Kultlokal an Hamburgs beliebtestem Strandabschnitt – entspannen mit einem kalten Getränk bei Hafenpanorama und spielenden Kindern. 134

15 Jenischpark
| Park |
Der auf den Ländereien eines Mustergutes gestaltete Landschaftspark lockt mit drei Kunstmuseen Spaziergänger und Kulturfreunde an. 134

16 Café und Teehaus Witthüs
| Café |
Hervorragende Tees und Kuchen im stadtbekannten reetgedeckten ehemaligen Wohnhaus des Schriftstellers Hans Henny Jahnn. 138

27 Elbchaussee

Die Lieblingsadresse der wohlhabenden Hanseaten im Wandel

- Bus 286
- Ab Klopstockplatz in Altona

Schon seit gut 250 Jahren gilt die Elbchaussee als wohl beste Adresse Hamburgs. Anfangs errichteten dort die reichen Hamburger ihre Sommersitze, ab dem 19. Jh. zogen sie dauerhaft hierher. So trifft man auf eine illustre Folge von Villen, Landhäusern und prunkvollen Residenzen, die in allen nur erdenklichen Stilen gebaut wurden. Noch relativ unscheinbar eröffnet das Heine-Haus den Reigen, ein 1832 vom Bankier Salomon Heine – dem Onkel des Autors Heinrich Heine – errichtetes klassizistisches Gartenhaus.

Die Elbchaussee ist auch in der populären Kultur präsent: Im Landhaus Brandt – der »Säulenvilla« – (Nr. 186) spielen Szenen des Films »Der amerikanische Freund« mit Dennis Hopper, den Wim Wenders 1977 nach Patricia Highsmiths Roman »Ripley's Game« drehte. Wer es sich leisten konnte, umgab sein Haus mit einer großen Grünanlage, wie im Jenischpark und im Hirschpark zu besichtigen. Viele Anwesen besitzen weitläufige, von der Straße aus nicht einsehbare Gärten bis hinunter zum Elbhang. In den vergangenen Jahren wurden viele klassische Häuser abgerissen und durch opulente Neubauten ersetzt – architektonisch nicht immer zum Besten der vornehmen Straße.

Zuerst relativ dicht am Fluss und hoch auf dem Geesthang verlaufend, taucht die Elbchaussee in Höhe Teufelsbrück auf Flussniveau hinab, steigt dann am Internationalen Seegerichtshof in der Villa Schröder und dem Gelände der ehemaligen Elbschloss-Brauerei hinauf bis zum Hotel Louis C. Jacob und passiert die Nienstedtener Kirche. Von dort führt sie in großem Bogen landeinwärts und endet nach insgesamt 8,6 km in Blankenese.

Oben auf dem Elbhang die Elbchaussee, unten die Kapitänshäuser von Övelgönne

Restaurants

€€ | **Landhaus Scherrer** Gepflegte Küche von rustikal im Bistro bis Haute Cuisine im edlen Restaurant. ■ Elbchaussee 130, Tel. 040/883 07 00 50, www.landhausscherrer.de, Mo–Sa 12–15 und ab 18.30 Uhr

28 Övelgönne

Vom traditionellen Fischerdorf zum beliebten Ausflugsort

■ Bus 112, HADAG-Fähre 62
■ Zwischen Neumühlen und Himmelsleiter

Eng ist es hier: Die Fischer bauten ihre Häuser zwischen steilem Geesthang und breitem Sandstrand, das ehemalige Dörfchen besteht nur aus einer einzigen Hausreihe. Ein schmaler Fußweg trennt die niedrigen, teils aus dem 18. Jh. stammenden Häuschen von ihren Gärten auf der Wasserseite. Später lebten hier auch Kapitäne im Ruhestand und Hafenlotsen, die schon 1745 eine Bruderschaft gründeten und im Haus Nr. 13 ihre Versammlungen abhielten. Der pittoreske Charakter lockt heute viele Besucher an, im Sommer ist der breite Sandstrand – auch ab Elbchaussee über die 126 Stufen der »Himmelsleiter« erreichbar – stets voll.

ADAC *Mobil*

Flussabwärts per Schiff: Hamburg lässt sich von der Wasserseite aus gut mit den HADAG-Fähren erleben: Die Linie 62 führt von den Landungsbrücken über Altona-Fischmarkt und Dockland-Fischereihafen zum Museumshafen Neumühlen. Von dort überquert die Fähre die Elbe hinüber zum Bubendey-Ufer und nach Finkenwerder. Linie 64 fährt von dort wieder ans Nordufer nach Teufelsbrück.
Von April bis Anfang Oktober bedient der »Elb-Hüpfer« samstags, sonntags und feiertags die Strecke Landungsbrücken–Neumühlen/Övelgönne–Teufelsbrück–Blankenese–Wedel-Schulau (Willkommhöft). Eine private Linie verkehrt viermal täglich auf der Strecke Landungsbrücken–Blankenese.

Sehenswert

Museumshafen

| **Museumsschiffe** |
25 historische Schiffe – vom Eisbrecher über die Dampfbarkasse und kleine Festmacherboote bis hin zum Fährschiff, Polizeiboot, Feuerschiff, mehrere Fischerewer und einer Hafenarztbarkasse – nennen den ehrenamtlich betriebenen Museumshafen Oevelgönne ihr Zuhause. Man kann sie jederzeit vom Rand der Becken aus anschauen, im Sommer werden Gruppenfahrten angeboten (Tel. 040/41 91 27 61, www.museumshafen-oevelgoenne.de).

Hans-Leip-Ufer

| **Wanderweg** |
Benannt nach dem Hamburger Schriftsteller, zieht sich dieser Wanderweg direkt am Elbufer von Övelgönne nach Westen hin. Je weiter man dem Flusslauf folgt, desto beschaulicher und auch leerer wird es – der perfekte Ort, um zu entspannen und seine Gedanken mit der Zeit und dem großen Strom dahingleiten zu lassen.
Hier liegt auch der »Alte Schwede«, Deutschlands ältester Großfindling

aus Granit. Der 217 t schwere Trumm tauchte 1999 bei Baggerarbeiten im Fluss auf, widersetzte sich anfangs aber der Bergung und fiel in die Elbe zurück. Der Stein mit 19,7 m Umfang wurde während der Elster-Eiszeit von Gletschern aus dem schwedischen Småland hertransportiert.

Restaurants

€€ | **Zum alten Lotsenhaus** Entspannter Genuss hanseatischer Spezialitäten im Lotsenhaus von 1745 mit Elbblick. ■ Övelgönne 13, Tel. 040/880 01 96, www.zum-alten-lotsenhaus.de, tgl. ab 12, Winter Mo–Do ab 17, Fr–So ab 12 Uhr

€€€ | **Das weiße Haus** Hochanspruchsvolle Küche für Gourmets in stilvollem, hanseatisch gediegenem Ambiente. ■ Neumühlen 50, Tel. 040/390 90 16, www.das-weisse-haus.de, tgl. 12–15, 17–23 Uhr

Cafés

14 **Strandperle** Kultiges, spartanisches Café, im Sommer bis spät in die Nacht ein beliebter Treffpunkt mit rustikalem Bierausschank und deftigen Snacks. ■ Övelgönne 60, Tel. 040/88 09 95 08, www.strandperle-hamburg.de, April–Okt. tgl. 10–23, Nov.–März nur Fr–So bei gutem Wetter ab 10/11 Uhr

Kinder

Der **Övelgönner Strand** ist Hamburgs größte Sandkiste und lädt zum Toben ein. Zum Sandburgbauen ist der Sand aber zu fein. Limo und Eis gibt's in der Strandperle. Baden ist wegen der unberechenbaren Strömung gefährlich!

29 Jenischpark

15 *Kultur trifft Natur: klassisch gestaltete Wildnis mit drei Museen*

■ S 1 und S 11 bis Klein Flottbek, Bus 286 bis Holztwiete, HADAG-Fähre 62 und 64 bis Teufelsbrück

■ An der Elbchaussee zwischen Baron-Voght-Straße und Holztwiete

Weite Wiesen, schattige Waldstückchen, naturbelassene Schluchten und

Im Blickpunkt

Am Fluss und seinen Ufern: der Elbuferwanderweg

Die Idee hatte Hamburgs Bürgermeister Max Brauer in den 1920er-Jahren: Ein Wanderweg sollte die Schönheiten des hohen Elbufers erschließen. Von Övelgönne führt der 23 km lange Elbuferwanderweg über den Strand zum Hans-Leip-Ufer, weiter via Teufelsbrück über den Elbuferweg und den Strandweg nach Blankenese. Dort geht es hinauf in den Römischen Garten, dann westlich zum Falkenstein mit Aussichtsplattform und entlang des Tafelbergs in den Sven-Simon-Park und zum Puppenmuseum. Serpentinen führen hinab zum Strand. Alternativ und mit weniger Anstrengung kann man auch einfach dem Falkensteiner Ufer folgen. Vorbei am Wittenbergener Leuchtturm erreicht man dann über den Otto-Schokoll-Höhenweg schließlich Wedel, wo der Graf-Luckner-Weg und der Elbwanderweg am Willkommhöft enden.

Das Jenisch-Haus von 1834 war das Domizil des Senators und Bankiers Martin Jenisch

ein kleiner Wasserlauf, die Flottbek: Im Jenischpark im Stadtteil Othmarschen könnte man sich fast wie in einer Wildnis fühlen, wäre das Areal nicht ein Werk von Menschenhand. Ab 1785 hatte Baron Caspar Voght hier ein Mustergut aufgebaut und das Gelände vom britischen Landschaftsarchitekten James Booth im Stil einer »ornamented farm« gestalten lassen, wobei sich Park und bäuerliche Nutzung harmonisch miteinander verbanden.
Voghts Landhaus und die Instenhäuser, 1786–1789 entstandene Unterkünfte für Landarbeiter, liegen einander an der Baron-Voght-Straße gegenüber. 1828 kaufte der Senator und Bankier Martin Jenisch den südlichen Teil des Geländes und ließ ein klassizistisches Herrenhaus errichten, das heutige Jenisch-Haus. Der Park gehört zum Naturschutzgebiet Flottbektal.

Sehenswert

Jenisch-Haus

| Palais |

Die 1831–1834 nach Entwürfen von Franz Gustav Forsmann und unter Aufsicht von Karl Friedrich Schinkel erbaute klassizistische Villa ist eine Außenstelle des Altonaer Museums und beherbergt Exponate großbürgerlicher Wohnkultur vom Barock bis zum Biedermeier.

■ Baron-Voght-Str. 50, www.jenisch-haus.de, Mi–Mo 11–18 Uhr, 6,50 €, erm. 4 €

Ernst-Barlach-Haus

| Museum |

Seit dem Jahr 1962 ist im von Werner Kallmorgen entworfenen Ernst-Barlach-Haus die umfassendste Sammlung von Werken des norddeutschen Expressionisten untergebracht: Ein Drittel seiner

Eine Welteise durch das Reich der Pflanzen ermöglicht der Botanische Garten

Holzskulpturen, 350 Zeichnungen und fast das vollständige druckgrafische Werk bilden den Fundus und werden in wechselnden Ausstellungen der Öffentlichkeit präsentiert.
■ Baron-Voght-Str. 50 a, Di–So 11–18 Uhr, 7 €, erm. 5 €, www.ernst-barlach-haus.de

Eduard-Bargheer-Museum

| **Sammlung** |
Hamburgs neuestes Haus für einen Künstler: Seit Herbst 2017 werden im umgebauten Gartenamt 80 Bilder des Künstlers aus Finkenwerder gezeigt. Eduard Bargheer (1901–1979), bis 1933 Mitglied der Hamburgischen Sezession, ist für seine mosaikartigen Aquarelle bekannt, die eine anfängliche Nähe zum Expressionismus verraten.
■ Hochrad 75, www.bargheer-museum.de, Di–So 11–18 Uhr, 6 €, erm. 4 €

Teufelsbrück

| **Flussufer** |
In früherer Zeit führte hier eine Felssteinbrücke über die sumpfige Mündung der Flottbek in die Elbe, 1697 entstand eine Mühle, 1717 eine bis 1919 betriebene Brauerei. Heute bietet Teufelsbrück einen kleinen Jachthafen und ist Anleger der Fähre nach Finkenwerder. Eine Steinskulptur zeigt einen Teufel mit einem Kaninchen in der Hand. In Jean-Paul Sartres Theaterstück »Die Eingeschlossenen von Altona« (1959) rasen zwei tragische Figuren mit hohem Tempo über die Teufelsbrücke in den Tod. Ein im Jahr 2000 erschienener Roman von Brigitte Kronauer heißt »Teufelsbrück«.

Elbschlösschen

| **Architektur** |
Der schlichte quadratische Bau mit Säulenportal wurde vom dänischen Architekten Christian Frederik Hansen nach italienischem Vorbild entworfen und entstand in den Jahren 1804–1806. Zuerst diente er dem Kaufmann Johann Heinrich Baur als Landhaus, später nutzten ihn die Elbschlossbrauerei und heute die Hermann Reemtsma Stiftung als Verwaltungssitz.
■ Christian-F.-Hansen-Str. 19

Restaurants

€€ | Restaurant Engel Gehobene Küche mit Fair-Trade-Produkten – den regen Schiffsverkehr zum Schauen gibt es gratis dazu. ■ Fähranleger Teufelsbrück, Tel. 040/82 41 87, www.restaurant-engel.de, Mo–Sa 12–22, So 10–22 Uhr, Bus 36, 39, 286, HADAG-Fähre 64

€€ | Restaurant To'n Peerstall Deftige Gerichte im reetgedeckten Bauernhaus von 1814. ■ Hochrad 69, Tel. 040/ 82 17 93, www.ton-peerstall.de, Mo, Di, Do–Sa 17–23, So 11.30–23 Uhr

30 Botanischer Garten

Hamburgs größte Pflanzensammlung – ein blühendes Open-Air-Museum

■ S 1, S 11 Klein Flottbek, HADAG-Fähre 64 Teufelsbrück
■ Ohnhorststr. 18, Tel. 040/42 82 64 76, www.bghamburg.de, tgl. 9–16 Uhr, im Sommer länger, Loki-Schmidt-Haus März–Okt. Di–Sa 13–17, im Nov. bis 16 Uhr

Auf dem ehemaligen Mustergut des Barons Voght befindet sich heute im Botanischen Garten eine vielgestaltige Pflanzenpräsentation. Ein zentraler Fokus liegt auf der Beziehung Mensch–Pflanze mit den Bereichen Medizin, Ernährung und Dekoration. Im Loki-Schmidt-Haus – das sich als Museum für Nutzpflanzen versteht – werden alle Arten vorgestellt, die vom Menschen verwertet werden. Der Bibelgarten versammelt alle in der Heiligen Schrift genannten Pflanzen.
Ein Areal ist der Pflanzengeografie gewidmet und weist auf die jeweilige Herkunft hin. Eine Uhr zeigt im symbolischen Sinn, wann sich die Pflanzen auf diesem Planeten entwickelt haben – angefangen von den Nadelgehölzen vor 300 Mio. Jahren bis zu den vergleichsweise jungen Doldenblütern.
Von Frühjahr bis Herbst liegt stets ein duftender, farbenprächtiger Zauber über dem Botanischen Garten und verweist auf die überwältigende Faszination der Pflanzenwelt.

31 Nienstedten

Liebenswerter Vorort mit dörflich-idyllischem Charakter

■ S 1 bis Klein Flottbek oder Hochkamp, Bus 36, 39 und 286

Das 1297 erstmals urkundlich erwähnte Dorf Nienstedten entwickelte sich ab dem Jahr 1751 zum kirchlichen Zentrum der Fischer, Bauern und Handwerker der Umgebung. Auch die Blankeneser kamen zum Gottesdienst hierher, und reiche Hamburger ließen sich auf dem landschaftlich schönen Hochufer der Elbe Landsitze bauen. Trotz der anhaltenden Urbanisierung haben sich noch dörfliche Strukturen und Gebäude erhalten. Die ruhigen Wohnstraßen mit großen Gärten machen Nienstedten zu einer beliebten Adresse für Familien.

Sehenswert

Louis C. Jacob

| Aussichtspunkt |

Bereits seit dem 18. Jh. gibt es oben auf dem steil zum Fluss abfallenden Geestrand an der Elbchaussee das Ausflugslokal Jacob. Der Maler Max Liebermann war hier gern zu Gast, und er hat die lindengesäumte Terrasse 1902 in einem Gemälde verewigt. Das Hotel mit Zwei-Sterne-Feinschmecker-Restaurant zählt zu den besten Hamburgs (https://hotel-jacob.de).
■ Elbchaussee 401–403

Nienstedtener Kirche

| Kirche |

Zur Einweihung des Gotteshauses am 16. Mai 1751 ließ Georg Philipp Telemann persönlich seine Kantate »Zerschmettert die Götzen« aufführen. Die Arp-Schnittger-Orgel von 1680 stammt bereits aus der Vorgängerkirche. Begüterte Nienstedtener Familien trugen durch den Kauf der Logen unter den Seitenemporen zur Tilgung der Baukosten bei. Anfangs saßen weibliche Kirchgänger auf der Nordseite, die Männer auf der Südseite des Saals.

Der 1814 begründete Friedhof birgt auf 10,5 ha Fläche zahlreiche kunst- und kulturgeschichtlich bedeutende Grabmale. Hier wurden u.a. Baron Voght, sein Gartenbaumeister James Booth sowie die Schriftsteller Hans Henny Jahnn und Hubert Fichte beigesetzt.

■ Elbchaussee 410

32 Hirschpark

Flanieren und relaxen inmitten klassisch britischer Gartenbaukunst

■ S 1 und S 11 bis Hochkamp, Bus 286 bis Mühlenberg

■ Elbchaussee Höhe Manteuffelstraße und Mühlenberg

Hamburgs zweiter großer Park in klassisch-britischem Stil: Die doppelreihige Lindenallee, Rosenbeete, ein großer Teich und der um das Areal führende »belt walk« machen den Hirschpark zusammen mit dem namengebenden Wildgehege zum beliebten Ausflugsort. Mehrere balkonartige Plateaus gewähren schöne Ausblicke auf den Fluss. Außer der frühklassizistischen Prachtvilla des Reeders und Parkbesitzers Johann Caesar IV. Goddefroy, 1789 vom dänischen »Landbaumeister für Holstein und Altona« Christian Friedrich Hansen entworfen, lockt das Witthüs, 1800 als Kavaliershaus der herrschaftlichen Villa entstanden. Hier lebte phasenweise der Schriftsteller und Orgelbauer Hans Henny Jahnn (1894–1959), und seit vielen Jahren ist es für das darin untergebrachte Café und Teehaus stadtbekannt.

Gleich auf der anderen Seite der Straße Mühlenberg ließ sich 1790–1792 Goddefroys Bruder Peter von Baumeister Hansen ein noch prunkvolleres Anwesen errichten, die Weiße Villa.

Cafés

16 **Café und Teehaus Witthüs** Erlesene Tees, verführerische Kuchen und anspruchsvolle Gerichte werden im 300 Jahre alten Reetdachhaus mit gediegenem Charme serviert. ■ Elbchaussee 499a, Tel. 040/86 01 73, www.witthues.com, Café Di–So 14–23, Restaurant 19–23 Uhr

33 Blankenese

8 *Hamburgs schönster Vorort mit mediterraner Atmosphäre*

■ S 1 Blankenese

14 km westlich von Hamburgs Zentrum hat sich am steilen Uferhang ein besonderer Ort entwickelt. Früher lebten hier Elbfischer und Seeleute. Stolze Segelschiffe aus Blankenese waren in allen Häfen der Welt anzutreffen. Auch Deutschlands größte Hochsee-Fischereiflotte war hier beheimatet. Zu den kleinen Kapitäns- und Fischerhäuschen auf den steilen Hügeln kamen Villen und Landsitze reicher Hamburger, so das Goßlerhaus im gleichnamigen Park, in dem die Bibliothek des Zeichners und Illustrators Horst Janssen bewahrt wird (2. und 4. Mi im Monat, 15–19 Uhr, www.janssen-

bibliothek.com). Am Hang des Süllbergs hatte der Maler Eduard Bargheer ein kleines Atelier (Rutsch 2, www.eduard-bargheer-haus.de), ein Nachbar war der Autor Golo Mann. Regionaltypische Bauten und klassische Gründerzeithäuser geben Blankenese jeweils eigene Akzente. Längst ist der Ort aufgrund seines mediterranen Charakters bei prominenten und wohlbetuchten Hamburgern beliebt und entsprechend schick geworden.

Sehenswert

Baurs Park

| Park |

1802 erwarb Konferenzrat Georg Friedrich Baur ein ödes Gelände oberhalb der Elbe bei Blankenese und ließ es zu einem skurrilen Sammelsurium umgestalten. Vom Kanonenberg begrüßten Bollerschüsse ankommende Schiffe, eine künstliche Turmruine, chinesische Pagoden, Obelisken und griechische Tempelchen zierten das Areal. Steil geht es an der Ulrichshöhe hinab zur Elbe. Zwar sind fast alle Kuriosa längst verschwunden, doch locken noch immer steile Hänge, Serpentinenwege und schöne Ausblicke auf den Fluss die Spaziergänger an.

Treppenviertel

| Architektur |

Nein, das ist nicht Montmartre oder die Alfama von Lissabon – auch wenn die vielen engen und steilen Treppen mit ihren 5000 Stufen zwischen kleinen Häuschen genau diesen Eindruck vermitteln. Auf Blankeneses Hügeln scheint die Zeit langsamer zu laufen, man hat gelernt, in den winzigen weißen Fischerhäusern mit kleinsten Gärten auskömmlich zu leben. Und weil man sich auf den Treppen und kleinen Plätzen ständig begegnet, ist eine Community mit besonderem Zusammenhalt entstanden.

Süllberg

| Aussichtspunkt |

74,7 m misst Hamburgs höchste Erhebung nördlich der Elbe. Am histori-

Ein Strandrestaurant und Wohnhäuser säumen den Elbstrand im Stadtteil Blankenese

Ein Labyrinth schmaler Fußwege erschließt Blankeneses Treppenviertel

schen Standort einer sehr kurzlebigen Burg (1060–1066) existiert seit dem Jahr 1837 ein beliebter Gastronomiebetrieb – unzählige Familien feierten hier auf dem Plateau Feste oder genossen sonnige Nachmittage und lauschige Abende. Heute ist hier ein Hotel mit Gourmetrestaurant ansässig. Dazu gibt es den unvergesslichen Blick hinab auf Blankenese und den breiten Fluss sowie die gegenüberliegende Airbus-Flugzeugwerft.

Falkensteiner Ufer

| Flussufer |

Am Falkensteiner Ufer mit seiner Kombination aus Flussniederung und Waldlandschaft auf dem hohen Geesthang tritt die Stadt weit hinter die Natur zurück – und ist elbaufwärts mit ihren markanten Gebäuden optisch doch stets präsent. Der ideale Ort, um Schiffe und den Wechsel der Gezeiten zu beobachten, lange Strandspaziergänge zu machen oder den vielen gewundenen Wegen hinauf durch die weitläufige Parklandschaft um Falkenstein und den Tafelberg zu folgen.

Im östlichen Teil des Areals liegt der Römische Garten. 1897 erweiterte der Bankier Max Warburg hier seinen Besitz und ließ ein Amphitheater, ein heckengesäumtes Wegenetz, einen Teich und Rosenbeete anlegen.

Sven-Simon-Park

| Park |

Im weitläufigen, hinab zur Elbe gerichteten Park – benannt nach dem Fotografen und Journalisten Sven Simon, Sohn des Verlegers Axel Springer – steht ein architektonisches Kleinod: die von Karl Schneider entworfene, 1923–1925 im avantgardistischen Stil der Neuen Sachlichkeit erbaute Villa Michaelsen. Der weiße, von kubischen Elementen geprägte Backsteinbau ist Hamburgs bedeutendstes Beispiel des Bauhaus-Stils und beherbergt heute das Puppenmuseum Falkenstein.

Restaurants

€ | Fischclub Blankenese Im kleinen Pavillon wird viel Frischfisch direkt auf dem Fahranleger serviert – maritimer geht's wohl nicht. ■ Strandweg 30 a, Tel. 040/86 99 62, www.restaurant-fischclub.de, tgl. 12–22 Uhr

€€ | Genusspiraten – Sagebiels Fährhaus Traditionelles Speise- und Ausflugslokal am Elbufer mit Terrasse zum Fluss und moderner Regionalküche. ■ Blankeneser Hauptstr. 107, Tel. 040/86 15 14, www.sagebiels.com, tgl. 12–22 Uhr

Einkaufen

Kaffeerösterei Carroux Caffee Hier gibt es frische Kaffeespezialitäten sowie kleine Leckereien in einer hellen Manufaktur mit Ausschank im Herzen von Blankenese. ■ Elbchaussee 583, Tel. 040/80 05 05 91, www.carroux.de, Mo–Sa 9–18, So 11–18 Uhr

Seglershop Mählmann Im Angebot sind maritime Funktionskleidung, Tauwerk und Seglerbedarf. ■ Schenefelder Landstr. 43 a, Tel. 040/86 30 00

smukke ting Ausgefallene und kreative Wohnaccessoires. ■ Blankeneser Landstr. 83, www.no83.de, nur Do–Sa

ADAC *Mobil*

Blankenese mit dem Auto – kann man vergessen: Parkplätze sind rar, und das Treppenviertel ist autofrei. Eine originelle Art, den Ort kennenzulernen, ist eine Fahrt mit der »Bergziege«: Die Buslinie 48 führt ab Blankeneser Bahnhof auf einer 17-minütigen Rundtour durch die steilen Gassen bis hinunter zum Strandweg – eine Berg- und Talfahrt im flachen Norden.

Kinder

Puppenmuseum Falkenstein Über 300 Puppen, 60 Puppenstuben aus drei Jahrhunderten, viele Bilder und Kinderbücher erfreuen hier kleine und große Herzen. ■ Grotiusweg 79, Tel. 040/81 05 82, www.elke-droescher.de, Di–So 11–17 Uhr, 6 €, erm. 3 €

34 Wedel

Das Tor nach Hamburg: geschichtsträchtiges Städtchen am Unterlauf der Elbe

■ S 1 Wedel

Für Seeleute fängt Hamburg in Wedel an, auch wenn es außerhalb der Stadtgrenzen liegt: Im Willkommhöft im Schulauer Fährhaus am Elbufer wird jedes Schiff in Landessprache begrüßt, dann erklingt die betreffende Nationalhymne – sympathische Geste und nette Unterhaltung, während man auf der Terrasse Kaffee trinkt.

Längst ist Wedel zu einem Vorort Hamburgs geworden. Gute Infrastruktur, umfassende Versorgung, bezahlbare Mieten und Bauplätze locken Großstadtmüde hierher. Der größte Jachthafen Norddeutschlands und die Figur des Roland auf dem Markt – ein 1558 errichtetes Zeichen hoheitlichen Schutzes – gehören neben dem ausgedehnten Naturraum der Wedeler Marsch zu den Sehenswürdigkeiten.

Restaurants

€ | Schulauer Fährhaus Kaffee, Kuchen und maritim ausgerichtete Gerichte, dazu kommt ein Biergarten an der Elbe. ■ Parnaßstr. 29, Tel. 041 03/929 99, www.schulauer-faehrhaus.de, tgl. 11–23 Uhr

Am Abend

Das Nachtleben spielt in den elbabwärts gelegenen Wohngebieten nur eine Nebenrolle. Trotzdem findet man kleine Bars und Clubs, die mit einem gepflegten Getränkesortiment, stylischem Ambiente und engagiertem Musikangebot entspannte Abende ermöglichen. Das Spektrum reicht vom noblen Weinlokal über die Cocktail-Lounge bis zur Strandbar.

Bühne

Theaterschiff Batavia Schwimmendes Kulturzentrum mit Restaurant, Biergarten und 70-sitzigem Theater unter Deck – für Theater, Kabarett, Konzerte, Lesungen. Im Sommer Freiluftkino. ■ Brooksdamm, Wedel, Tel. 041 03/858 36, www.batavia-wedel.de, Mi–Sa ab 18, So ab 15 Uhr

Kneipen, Bars und Clubs

28 Grad Strandbad Ein Beach Club im wahrsten Sinne des Wortes – und bei schlechtem Wetter und im Winter locken frisch gezapftes Bier und Drinks nach drinnen. ■ Hakendamm 2, Wedel, Tel. 0163/163 78 88, www.28grad.net, tgl. 12–23 Uhr

Linde Von außen bürgerliches Gasthaus, innen ambitioniertes Restaurant und Bar mit 50 Cocktails und vielen Bieren auf der Getränkekarte. ■ Dockenhudener Str. 12, Tel. 040/86 66 38 01, www.linde-blankenese.de, Mo–Do 17–1, Fr, Sa 17–2, So 17–24 Uhr

Lütt Döns Bar & Café Seit mehr als 30 Jahren ist diese Kneipe eine Institution. ■ Reventlowstr. 64 a, Tel. 040/880 17 62, http://luettdoens-hamburg.de, tgl. 10 Uhr bis open end

Moskito Bar Cocktails, Darts & Kicker – zusammen mit der Musik von engagierten DJs die richtige Location zum Tanzen und Relaxen. ■ Kronskamp 129, Wedel, Tel. 041 03/703 68 48, www.moskito-bar-wedel.com, Mo–Do 18–2, Fr, Sa 20–4 Uhr

Redroom Longdrinks und Cocktails, Whiskeys und Rum auf Ledersesseln am Kaminfeuer – eine Entspannung der feinen Art. ■ Baron-Voght-Str. 75, Tel. 040/82 24 46 04, www.redroom-bar.de, Do–Sa ab 18 Uhr

Riva Gepflegter Mix aus Café und Bistro, Restaurant und stilvoller Bar im Herzen Blankeneses. ■ Blankeneser Bahnhofstr. 36, Tel. 040/88 94 19 06, www.riva-blankenese.de, Mo–Sa 9–24, So 10–22 Uhr

Weinwirtschaft Kleines Jacob Authentisches, stilvolles Weinlokal mit Produkten von jungen Winzern aus Deutschland, Österreich, der Schweiz, dem Elsass und Südtirol in wechselnder Auswahl. ■ Elbchaussee 404, Tel. 040/82 25 55 10, www.kleines-jacob.de, Mo–Sa 18–23, So 12–14, 18–21.30 Uhr

Kinos

Blankeneser Kino Das kleine Kino mit nostalgischem Flair zeigt in zwei Sälen aktuelle Produktionen und ausgewählte Streifen für Filmfreaks. ■ Blankeneser Bahnhofstr. 4, Tel. 040/86 24 21, www.blankeneserkino.de

Übernachten

Je weiter man sich nach Westen bewegt, desto spärlicher werden die Kettenhotels – daraus ergibt sich eine Marktnische für kleine Gästehäuser und bürgerliche Hotels entlang der Elbe, nicht selten mit leicht nostalgischem Flair. Preislich und vom Ambiente her eine Alternative zu den Häusern der Innenstadt – die per Bus und Bahn jederzeit leicht erreichbar ist. Teufelsbrück, Blankenese oder Wedel erweisen sich als gute Standorte für den Hamburg-Urlaub.

€

Apartments Blankenese Helle, moderne Zimmer und Apartments stehen in einer sanierten Altbauvilla im Herzen Blankeneses bereit. ■ Friedrich-Legahn-Str. 24, Tel. 040/82 13 23, www.apartments-blankenese.de/apartments-blankenese/home.html

Elsa-Brandström-Haus Gästehaus am Tagungshaus des Deutschen Roten Kreuzes mit einladenden, komfortablen Zimmern in sehr ruhiger Parklage. ■ Kösterbergstr. 62, Tel. 040/18 13 10 73 12, http://ebh-hamburg.de

Hotel Behrmann Das Hotel in einem ehemals reetgedeckten Blankeneser Bauernhaus mit modernem Anbau bietet zeitgemäße komfortable Unterkünfte günstig am Ortsrand. ■ Elbchaussee 528, Tel. 040/866 97 20, www.hotel-behrmann.de

Hotel Blankenese Modernes, komfortables 63-Zimmer-Hotel mit einem Haupthaus und zwei Gästehäusern in ruhiger, aber zentraler Lage. ■ Schenefelder Landstr. 164, Tel. 040/87 47 42, www.hotel-blankenese.de

Nice n' Nordic Helle, stilvolle Räumlichkeiten im Souterrain eines Privathauses am Rand des Blankeneser Treppenviertels – mit kleiner Küche und kleinem Garten. Zur Elbe sind es nur ein paar Schritte. ■ Panzerstr. 9, Tel. 040/648 57 099, www.nice-n-nordic.com

€€

Baurs Park Hotel Gemütliches kleines Hotel im Motel-Stil in der Nähe des Blankeneser Treppenviertels mit sehr zuvorkommendem Service. ■ Elbchaussee 573, Tel. 040/866 66 20, www.baurspark.de

Das weiße Hotel Die frühere Konsulats-Villa von 1864 bietet historisch anmutende Zimmer mit Blick auf den Jenischpark oder auf die Elbe. ■ Elbchaussee 279, Tel. 040/866 90 60, www.das-weisse-hotel.de

Hotel Freihof am Roland Seit dem Jahr 1532 eine Gaststätte, ist der zentral gelegene Freihof heute ein privat geführtes 42-Zimmer-Hotel mit einem historischen Ambiente und hellen, komfortablen Zimmern. ■ Am Marktplatz 6, Wedel, Tel. 041 03/1280, www.freihofwedel.de

Hotel Senator-Marina Das moderne Tagungshotel nur wenige Schritte vom Elbufer verfügt über 46 maritim eingerichtete Zimmer. ■ Hafenstr. 28, Wedel, Tel. 041 03/807 70, www.hotel-senator-marina.de

Strandhotel Blankenese Wohnen in einem inhabergeführten Designhotel im denkmalgeschützten Jugendstilgebäude direkt am Elbufer mit geschmackvoll eingerichteten Räumlichkeiten. ■ Strandweg 13, Tel. 040/86 13 44, www.strandhotel-blankenese.de

Von den Deichtorhallen in den Norden

Von den großen Museen im Zentrum durchs bunte St. Georg geht es zu den noblen Wohnvierteln an der Alster und zum Stadtpark

Hamburg als Kulturstadt: Von den Deichtorhallen über die Kunsthalle bis zum Museum für Kunst und Gewerbe finden sich angesehene Museen und Ausstellungshäuser, die internationale Top-Werke präsentieren. Kultur wird auch in St. Georg und Grindel großgeschrieben: Von der Kreativität und Lebensfreude der Gay Community in St. Georg zum studentischen Leben und seiner Infrastruktur aus Uni, Buchläden und Kneipen im Grindelviertel.

Nordwestlich der Innenstadt beeindruckt die Alster mit ständiger Präsenz; nirgendwo hat man es weit bis zu den Ufern des breit aufgestauten Flusses. Klar, dass sich hier wohlhabende Hanseaten ihre Häuser errichtet haben.

Nördlich der Alster prägen schlichtere Wohnblocks das Arbeiterviertel Barmbek. Das Museum der Arbeit und das Kulturzentrum Kampnagel erinnern daran, dass es in dieser Gegend einst viele Fabriken gab.

In Planten un Blomen, im Stadtpark und auf dem Friedhof Ohlsdorf wartet Hamburg mit viel Natur und Grün auf. Hier wird nachvollziehbar, warum viele Einheimische so gern hier leben: Weite statt Straßenschluchten, freie Flächen statt gedrängter Enge, Wasser, Möwen und Wind – Hamburg eben.

In diesem Kapitel:

ADAC Top Tipps:

9 Hamburger Kunsthalle
| Museum |
Das fast 150 Jahre alte Kunstmuseum ist auf Werke vom Mittelalter bis zur Neuzeit spezialisiert und zeigt Arbeiten weltbekannter Künstler von Renoir bis Pablo Picasso. ... 148

10 Planten un Blomen

| Park |

Aus den mittelalterlichen Befestigungswällen wurde Hamburgs längster Erholungspark, der mit vielen Freizeiteinrichtungen und botanischen Raritäten aufwartet – perfekt für Pflanzen- und Sonnenfreunde. 149

ADAC Empfehlungen:

17 Café Leonar

| Café |

Das koschere Café hat sich inzwischen zum kulturellen Treffpunkt des Grindelviertels entwickelt – leckere Gastronomie inklusive. 154

18 Museum der Arbeit

| Museum |

Nicht nur Reeder und Händler, auch unzählige Arbeiter haben Hamburg wohlhabend gemacht. 157

19 Planetarium

| Sternwarte |

Astronomische Programme, Lesungen und kulturelle Shows im ehemaligen Wasserturm im Stadtpark. 158

20 Friedhof Ohlsdorf

| Friedhof |

Begegnungen mit historischer Sepulkralkultur und viel Natur im größten Parkfriedhof der Welt. 159

35 Deichtorhallen

Renommiertes Zentrum für Fotografie und Gegenwartskunst

■ U/S Hauptbahnhof, U 1 Steinstraße
■ Deichtorstr. 1–2, Tel. 040/32 10 30, www.deichtorhallen.de, Di–So 11–18, 1. Do im Monat bis 21 Uhr, je Haus 10 €, erm. 6 €, bis 18 Jahre frei, Dienstagskarte 5 € (ab 16 Uhr), Kombiticket 14 €

Die beiden Hallen mit Wänden aus Eisen und Klinkern sowie opulent geschwungenen Dächern entstanden in den Jahren von 1911 bis 1914 als Gemüse- und Obstmarkthallen. 1989 gestaltete sie Josef Paul Kleihues zu einem Ausstellungszentrum um. In der nördlichen »Halle für aktuelle Kunst«, einem 3800 m² großen dreischiffigen Langbau, werden bedeutende Kollektionen internationaler Künstler gezeigt.
Die Südhalle beherbergt das renommierte »Haus der Photographie« mit der Sammlung des bedeutenden Modefotografen F. C. Gundlach, ergänzt durch seine eigenen Werke. Wechselnde Schauen sind namhaften Gegenwartsfotografen gewidmet.

ADAC *Wussten Sie schon?*

Hamburgs Stadtbild ist nicht nur durch die große Außenalster geprägt, sondern auch durch seine **Bäume.** Als eine der grünsten Städte Deutschlands verfügt es über mehr als 250 000 Straßenbäume, davon 90 % als Solitäre. Über 52 000 davon sind Linden, mehr als 48 000 Eichen und über 28 000 Ahorne. Alle Bäume sind streng geschützt und in einem Kataster registriert.

36 St. Georg

Bunt-liberales Leben und multikulturelle Vielfalt in der Großstadt

■ U/S Hauptbahnhof
■ Zwischen Alster, Glockengießerwall, Steindamm und Sechslingspforte

In den Straßenzügen hinter Hauptbahnhof und Deutschem Schauspielhaus hat sich St. Georg einen besonderen Charme bewahrt: Westlich der Langen Reihe bis zur Alster ist das Viertel gutbürgerlich und gepflegt. Restaurants, Cafés, viele Läden und kleine Hotels geben dem Stadtteil seine bunten Facetten. Besondere Akzente gibt St. Georg die seit Jahren hier heimische schwul-lesbische Community. Östlich in Richtung Steindamm zeigt sich das Leben ruppiger – mit sozialen Spannungen rings um den Hansaplatz, billigen Lokalen und Spielhallen, Im- und Exportgeschäften sowie Kleider- und Lebensmittelbasaren entlang des Steindamms.

Sehenswert

Museum für Kunst und Gewerbe
| Museum |
Design stand schon bei Gründung des Hauses im Mittelpunkt – es sollte gelungen Gestaltetes aus aller Welt präsentiert werden. Inzwischen bilden 4000 Jahre kunsthandwerkliche Produktion den Fokus. Objekte aus Holz, Edelmetallen, Keramik, Stoff, Tierprodukten, dazu Gerätschaften, Möbel, Teppiche und Gebrauchsgegenstände veranschaulichen Kreativität und Könnerschaft unterschiedlicher Kulturen. Die »Sammlung Design« führt dann wieder in die Gegenwart.

Der Hansaplatz mit dem 17 m hohen Brunnen ist ein zentraler Treffpunkt in St. Georg

Im Hubertus Wald Kinderreich können Jungen und Mädchen von fünf bis zwölf Jahren sich selbst als Designer betätigen und kreativ arbeiten (Sa, So, Fei 10–18 Uhr, Tel. 040/428 13 43 03),

■ Steintorplatz, Tel. 040/428 13 48 80, www.mkg-hamburg.de, Di–So 10–18, Do bis 21 Uhr, 12 €, erm. 8 €, Do ab 17 Uhr 8 €, bis 17 Jahre frei

Lange Reihe

| Flaniermeile |

Mode und Wohnaccessoires, Bioläden und Secondhand-Geschäfte, Kneipen und Straßencafés: Die Lange Reihe ist einer der buntesten Straßenzüge von Hamburg, da die Straße das Zentrum der Hamburger schwul-lesbischen Bewegung ist. Der Handelshof (Nr. 29) wurde 1913/14 von Backsteinbaumeister Fritz Höger errichtet. Die nahe St.-Georg-Apotheke (Nr. 39) entstand Mitte des 19. Jh. Am Haus Nr. 71 erinnert eine Tafel an den hier geborenen Schauspieler Hans Albers. Auf Höhe des Hauses Nr. 75 führt ein schmaler Durchgang zum »Haus für Kunst und Handwerk«, einem Zusammenschluss von zwölf Verkaufsateliers und Werkstätten, in einer früheren Maschinenfabrik (Koppel 66, www.koppel66.de).

Dreieinigkeitskirche

| Kirche |

Kirchenneubau im Herzen St. Georgs: 1943 wurde die 1743–1747 erbaute spätbarocke Kirche der Heiligen Dreieinigkeit mit 1000 Plätzen komplett zerstört. Dem 1954–1957 errichteten schlichten Neubau wurde ein historisierender Turm angefügt. Auf dem Vorplatz steht die von Gerhard Marcks 1958 geschaffene Statue des hl. Georg mit Drachen.

■ St. Georgs Kirchhof 19

Die Sammlungen der Hamburger Kunsthalle genießen internationalen Ruf

Restaurants

€ | **Frau Möller** Das urige Lokal, in dem seit Jahren die Zeit stillsteht, wartet mit einer umfangreichen Bierkarte und bodenständiger deutscher Küche auf. ■ Lange Reihe 96, Tel. 040/25 32 88 17, www.fraumoeller.com, Mo–Do 11.30–4, Fr, Sa 11.30–6, So 11–4 Uhr

€€ | **Das Dorf** Im holzgetäfelten Gewölbe unter einer Apotheke gibt es ausgesuchte Weine und kleine, mal deftige und mal feine regionale Speisen. ■ Lange Reihe 39, Tel. 040/24 56 14, www.restaurant-dorf.de, tgl. ab 18 Uhr

Einkaufen

Mehtab Indian Store Exotischer indischer Supermarkt mit indischen Lebensmitteln und Gewürzen, Kleidung und Haushaltswaren. ■ Lange Reihe 7–9, Tel. 040/24 69 69, Mo–Sa 9–19 Uhr

Mutterland Ausgewählte Feinkost und traditionell hergestellte, teils regionale Delikatessen. ■ Ernst-Merck-Str. 9, Tel. 040/28 40 79 78, www.mutterland.de, Mo–Fr 8–21, Sa 9–19 Uhr

Events

Christopher Street Day Parade Regenbogenfest auf der Langen Reihe: Hier wird die Vielfalt der Lebensstile mit Musik und bunten Trucks zelebriert. ■ Anf. August, www.hamburg-pride.de

37 Hamburger Kunsthalle

9 *Hochkarätige Kunstwerke aus sieben Jahrhunderten*

■ U/S Hauptbahnhof
■ Glockengießerwall 5, Tel. 040/428 13 12 00, www.hamburger-kunsthalle.de,

Di–So 10–18, Do 10–21 Uhr, 12 €, erm. 6 €, Sa, So, Fei 14 €, erm. 7 €, Kinder und Jugendliche frei

Exzellente Werke aus allen Epochen und Stilrichtungen beginnend mit dem Mittelalter werden hier seit 1817 gesammelt und seit 1869 ausgestellt. Der hoch renommierte Bestand reicht von den Alten Meistern des Mittelalters über Werke von Delacroix, Manet, Renoir und Caspar David Friedrich bis zum 20. Jh. mit Impressionismus, Expressionismus, Surrealismus und Neuer Sachlichkeit. Vertreten sind etwa Max Liebermann, Ernst Ludwig Kirchner, Emil Nolde, Edvard Munch, Pablo Picasso und Otto Dix. Darüber hinaus werden sehr professionell kuratierte Schauen mit Werken anderer Epochen und Stilrichtungen gezeigt.
Im 1997 von Oswald Mathias Unger als Erweiterung der Kunsthalle geschaffenen Weißen Kubus versammelt die »Galerie der Gegenwart« Werke von Warhol, Beuys, Baselitz, Gursky und anderen Gegenwartskünstlern. Audio- und Videoinstallationen runden den Fundus ab.

ADAC *Spartipp*

Kunst zum Sonderpreis: Mit dem **Kunstmeilenpass** (36 €, erm. 22 €, mit Hamburg Card 28,50 €) kann man binnen zwölf Monaten einmalig fünf Museen besuchen: die Deichtorhallen (ohne Sammlung Falckenberg), den Kunstverein Hamburg, das Museum für Kunst und Gewerbe, das Bucerius Kunst Forum sowie die Hamburger Kunsthalle. Erhältlich in allen teilnehmenden Häusern. www.kunstmeile-hamburg.de

38 Lombardsbrücke

Die Straßen- und Eisenbahnbrücke ist Hamburgs altes Wahrzeichen

■ U/S Hauptbahnhof

Die 1865–1868 nach Plänen von J. H. Marcks errichtete dreibogige Lombardsbrücke trägt acht Kandelaber, die lange als Sinnbild Hamburgs galten. Sie verläuft entlang der Befestigungslinie des 17. Jh., ist eine der zentralen Verkehrsachsen der Stadt und erlaubt Ausblicke auf die Binnenalster. Nördlich entstand 1953 die Neue Lombardsbrücke mit Zufahrten auf Wällen aus Kriegstrümmern. Sie bekam schon vier Tage nach der Ermordung des US-Präsidenten Kennedy im November 1963 auf provisorischen Schildern den Namen »Kennedy-Brücke«.

Events

Alstervergnügen Großes Fest rings um die Binnenalster zum Sommerende mit Musik, Kulinarik und einem großen Feuerwerk. ■ www.hamburg.de/alstervergnuegen

39 Planten un Blomen

10 *Vielgestaltige Park- und Freizeitwelt in Hamburgs Innenstadt*

■ U/S Dammtor, U 1 Stephansplatz, U 2 Messehallen
■ Marseiller Str. 7, Tel. 040/428 23 21 55, www.plantenunblomen.hamburg.de, April 7–22, Mai–Sept. 7–23, Okt.–März 7–20 Uhr, Eintritt frei

Der nördliche Teil der mittelalterlichen Wallanlagen heißt seit der Niederdeutschen Gartenschau 1934/35 »Planten un Blomen« – Pflanzen und Blumen. Von 1863 bis 1930 befand sich hier Hamburgs erster, von Alfred Brehm geleiteter Tierpark, außerdem der Alte Botanische Garten. Besonders sehenswert sind die Tropengewächshäuser (10–15.45 Uhr), der Apotheker- und der Rosengarten sowie Europas größter Japanischer Garten (Teehaus Mai–Sept. Di–So 15–18 Uhr). Büroangestellte verbringen hier gern ihre Pausen, die weiten Rasenflächen werden für Sonnenbäder genutzt, Kinder erkunden die teils zerklüftete Parklandschaft am Wallgraben. Beliebt sind auch die großen Spielplätze. Von Mai bis September finden im Pavillon Konzerte statt. Minigolfanlage, Trampolin, Rollschuh- und Eislaufbahn locken sportlich Aktive (teils kostenpflichtig).

Sehenswert

Dammtorbahnhof

| Architektur |

Das Jugendstil-Hallengebäude entstand 1901–1903 nach Vorbild der Berliner Bahnhöfe: Im Parterre befindet sich die Eingangshalle mit Fahrkartenschaltern und einer Reihe von Geschäften, darüber die lichte Gleishalle mit den Bahnsteigen. Da hier früher oft Staatsgäste empfangen wurden, bekam der Bahnhof den Spitznamen »Kaiserbahnhof«. Heute dient er als Messebahnhof und Verkehrsknotenpunkt für Fernbahn und S-Bahn.

Gegendenkmal zum 76er-Kriegerdenkmal

| Denkmal |

Dem mächtigen 76er-Kriegerdenkmal von Richard Kuöhl, das 1936 errichtet wurde und im 7 m hohen Muschelkalkblock Soldaten des Infanterieregimentes 76 unter Waffen marschierend nationalistisch verherrlicht, stellte Alfred Hrdlicka 1985 und 1986 zwei Teile eines Gegendenkmals gegenüber. Einmal den »Hamburger Feuersturm« mit verbrannten Leichen aus Bronze und Marmor sowie »Fluchtgruppe Cap Arcona« mit einer Menschengruppe aus Marmor, die von einer Welle verschlungen wird und an den Tod von 7000 KZ-Häftlingen in der Neustädter Bucht im Mai 1945 erinnert.

Im Blickpunkt

Fluss statt See: die Alster

Nein, die Alster ist kein See – Hamburgs neben der Elbe zentraler Fluss wird seit dem Mittelalter aufgestaut und besteht aus der 0,2 km² großen Binnenalster zwischen Lombardsbrücke und Jungfernstieg sowie der nördlich anschließenden, 1,6 km² großen Außenalster, einem beliebten Wassersportrevier. Eine Flotte weißer Alsterdampfer erschließt das Gewässer und die vielen Kanäle der Stadt ab dem Anleger Jungfernstieg. Gesäumt wird die Binnenalster von prächtigen Hotels, Kaufhäusern und den Zentralen großer Reedereien. Durchfluss und Wasserstand der Alster werden durch die Rathausschleuse und die Fuhlsbütteler Schleuse reguliert. Der Spaziergang oder das Joggen um die Außenalster zählen zu den beliebten Freizeitaktivitäten.

Events

Wasserlichtkonzerte Gratisvorführung farbig angestrahlter und synchron zur Musik gesteuerter Fontänen. Mai–Aug. tgl. 22, Sept. tgl. 21 Uhr. 14 und 18 Uhr Wasserspiele ohne Licht.

Kinder

KinderKinder Weltkinderfestival mit zahllosen Veranstaltungen von September bis November: Spiel, Sport, Theater, Musik, Mitmachzirkus, Malen, Basteln, Lesen … ■ Tel. 040/29 99 11 37, www.kinderkinder.de

laut und luise Kindermusikfest am Musikpavillon mit Klanginstallationen zum Mitmachen. ■ www.kinderkinder.de

40 Grindelviertel

Pulsierendes Quartier mit viel studentischem und kulturellem Flair

■ U 2 Schlump, U 1 Hallerstraße, U/S Dammtor

■ Zwischen Grindelallee, Rothenbaumchaussee und Hallerstraße

Das Grindelviertel bietet einen dynamischen Mix aus Wohnen und Arbeiten, Kaufen und Genießen – lebendige Wohnstraßen, Restaurants und Cafés, viele kleine Läden und Werkstätten tragen zum besonderen Reiz bei. Dank der Studenten der hier gelegenen Uni wirkt das Viertel besonders jung.

Bis in die späten 1930er-Jahre gab es hier eine große jüdische Gemeinde, die das Wirtschafts- wie Kulturleben prägte. An die Vertriebenen und Ermordeten erinnern heute viele Hundert in die Gehwege eingelassene Stolpersteine des Künstlers Gunter Demnig.

Die Wasserspiele in Planten un Blomen werden im Sommer abends beleuchtet

Sehenswert

Logenhaus Moorweidenstraße und Platz der jüdischen Deportierten

| Gedenkort |

Das imposante Haus der Provinzialloge von Niedersachsen von 1907–1909 beherbergt heute wieder sechs Freimaurerlogen, nachdem die Nationalsozialisten das Haus im Jahr 1935 beschlagnahmt und alle Logen verboten hatten. Ab Oktober 1941 wurden hier die zur Deportation nach Riga und in die Ghettos des Ostens bestimmten Hamburger Juden versammelt und zum Bahnhof getrieben. An sie erinnert der »Platz der jüdischen Deportierten« vor dem Gebäude mit einem Mahnmal von Ulrich Rückriem.

■ Moorweidenstr. 36

ADAC *Spartipp*

Keine Karten für die Elbphilharmonie erhältlich? Auf anspruchsvolle Musik muss trotzdem niemand verzichten: Studierende der Hochschule für Musik und Theater geben mehrmals wöchentlich an verschiedenen Spielstätten **Konzerte** vielfältiger Stilrichtungen – vom Oboen-Trio über klassische Kompositionen bis zu experimentellen Klanginstallationen. Die Auftritte sind fast immer kostenlos oder sehr günstig. Eine Übersicht gibt es auf www.hfmt-hamburg.de.

Centrum für Naturkunde

| **Museum** |

100 Jahre lang hatte Hamburg ein bedeutendes Naturkundemuseum, das 1943 durch Bomben zerstört wurde. Die ausgelagerten Sammlungen wurden nie wieder in einem Haus zusammengeführt. Seit 2014 werden drei wichtige Bestandteile als Centrum für Naturkunde koordiniert und bilden den Grundstein für ein aufzubauendes Evolutioneum: Das Zoologische Museum zeigt u.a. Walskelette, präparierte Tiere in Dioramen und thematisiert Evolution und Biodiversität. Im Mineralogischen Museum sind bedeutende Exponate der rund 90 000 Objekte umfassenden Mineraliensammlung zu sehen. Das Geologisch-Paläontologische Museum lockt mit Dinosaurierknochen, Bernsteininsekten und Urpferden.

■ Zoologisches Museum, Bundesstr. 52, Tel. 040/428 38 22 76, www.cenak.uni-hamburg.de/ausstellungen.html, Di–So 9–17, Mo, Fei geschl., Eintritt frei

■ Mineralogisches Museum, Bundesstr. 55, Mi 10–18, So 10–17 Uhr, Fei geschl., Eintritt frei

■ Geologisch-Paläontologisches Museum, Bundesstr. 55, Mo–Fr 9–18, in der Vorlesungszeit Sa 9–12 Uhr, Eintritt frei

Joseph-Carlebach-Platz

| **Platz** |

Am ehemaligen Standort der 1906 errichteten und während der Reichspogromnacht 1938 in Brand gesetzten Bornplatz-Synagoge erinnern nur noch die in der Pflasterung hervorgehobenen Grundrisslinien an Hamburgs ehemalige Hauptsynagoge, die das Zentrum einer lebendigen jüdischen Gemeinde war. Die benachbarte, überregional renommierte Talmud-Tora-Schule existierte bis 1939, wurde später mehrere Jahrzehnte universitär genutzt und beherbergt heute die jüdische Joseph-Carlebach-Schule (www.jcsh.de).

Universität Hamburg

| **Universität** |

Die Institute der 1919 gegründeten Universität sind im Bereich des Grindelviertels relativ weit verstreut. Nordwestlich des Hauptgebäudes an der Edmund-Siemers-Allee mit Säulenportal und Kuppeldach (bereits 1909–1911 erbaut) liegt die Staats- und Universitätsbibliothek, dahinter öffnet

ADAC *Mittendrin*

Von der Bibliothek zur Vorlesung eilen, schnell Seminarunterlagen im Copy-Shop vervielfältigen, im Café Kommilitonen treffen, im Buchladen stöbern: Rings um den **Campus am Von-Melle Park** zwischen Philosophenturm, Mensa und Uni-Bibliothek lässt sich während der Vorlesungszeiten studentisches Treiben erleben.

Die Kammerspiele bringen interessante moderne Inszenierungen auf die Bühne

sich der Von-Melle-Park mit den geisteswissenschaftlichen Fakultäten. Der 14-stöckige Philosophenturm von 1957–1962 überragt das Areal, daneben befindet sich die mächtige Kuppel des Auditorium Maximum.

Im Hörsaal D des Philosophenturms findet sich Oskar Kokoschkas Triptychon »Thermopylae« von 1954, ein Wandbild am Eingang zum Sozialwissenschaftlichen Institut (Von-Melle-Park 9) erinnert an das einst hier beheimatete, von den Nationalsozialisten zerstörte jüdische Wohnviertel. An der Rothenbaumchaussee 33 wurde der Rechtswissenschaftlichen Fakultät ein postmodernes buntes Bibliotheksgebäude spendiert.

Kammerspiele

| Theater |

Das 1945 von Ida Ehre in einem ehemaligen jüdischen Logengebäude gegründete Privattheater schrieb mit Aufführungen moderner Autoren wie Wolfgang Borchert, Jean Giraudoux oder Jean-Paul Sartre Theatergeschichte. Bis heute ist es aufgrund seiner gelungenen Mischung aus klassischen, modernen und Boulevardstücken eine Institution. Das Bistro und die Bar Jerusalem sind ein beliebter Treffpunkt (Di–Fr 11–23, Sa 18–23 Uhr und zu den Vorstellungen).

■ Hartungstr. 9–11, Tel. 040/413 34 40, www.hamburger-kammerspiele.de

Grindelhochhäuser

| Architektur |

1949–1956 entstandene Großwohnanlage aus zwölf flachen, langen Hochhäusern mit 2100 Wohnungen, mit denen im Rahmen des »Hamburg Project« die Unterbringung der Angehörigen der britischen Zonenverwaltung gesichert werden sollte. Von acht

Die Grindelhochhäuser gelten als Pioniere des modernen Wohnungsbaus

Hamburger Architekten entworfen, wurden die mit gelbem Klinker verkleideten acht- bis 14-geschossigen Bauten mit Fahrstühlen, Müllschluckern, Warmwasserversorgung und ihrer Lage in einem parkähnlichen Areal Ausdruck eines modernen Wiederaufbaus. Nach sozialen Problemen während der 1970er-Jahre grundsaniert, sind die lichtdurchfluteten Wohnungen heute sehr begehrt.

Restaurants

€ | **Abaton-Bistro** Leckere Pizza, Plat du jour und Wochengerichte in der großen Kino-Kneipe. ■ Grindelhof 14 a, Tel. 040/45 77 71, www.abaton-bistro.de, Mo–Fr 9–1, Sa, So 10–24 Uhr

€€ | **La Mirabelle** Das stilvolle, gemütliche Restaurant zaubert eine hervorragende kreative, klassisch französische Küche auf den Tisch. ■ Bundesstr. 15, Tel. 040/410 75 85, www.la-mirabelle-hamburg.de, Di–Sa 18–23 Uhr

Cafés

17 **Café Leonar** Hamburgs erstes jüdisches Café seit 1945, ein Ort für intellektuelle Diskurse, Lesungen und Vorträge, mit leckerer koscherer Küche. ■ Grindelhof 59, Tel. 040/27 88 10 12, www.cafeleonar.de, Mo–Do 8–24, Fr 8–1, Sa 9–1, So 9–22 Uhr

Einkaufen

Plattenrille Klassisches Vinyl secondhand mit riesigem Bestand. Ein großes Plus ist auch die absolut fachkundige Beratung. ■ Grindelhof 29, Tel. 040/410 62 99, www.plattenrille.com, Mo–Fr 11–19, Sa 10–16 Uhr

Wrage Buchhandlung mit Schwerpunkt auf Spiritualität, Philosophie, Religion. ■ Schlüterstr. 4, Tel. 040/413 29 70, www.wrage.de, Mo–Sa 9.30–19.30 Uhr

Kinder

Michel Kinder- und Jugendfilmfest Sonderprogramm für kleine Cineasten von vier bis 16 Jahren im Rahmen des Filmfestes Hamburg (S. 178). Das Abaton-Kino zeigt im Oktober die besten internationalen Kinderfilme. ■ Abaton, Allende-Platz 3, Tel. 040/41 32 03 20, www.michel-kinderfilmfest.de

Pappnase Alles zum Jonglieren, Zaubern, Feiern und Spielen, dazu viele Comics und Graphic Novels. ■ Grindelallee 92, Tel. 040/44 97 39, www.pappnase.de, Mo–Fr 10–18.30, Sa 10–16 Uhr

41 MARKK – Museum am Rothenbaum

Hamburgs vielseitiges Fenster zu den Kulturen und Ethnien der Welt

- U 1 Hallerstraße
- Rothenbaumchaussee 64, Tel. 040/428 87 90, https://markk-hamburg.de, Di 10–21, Mi–So 10–18 Uhr, 8,50 €, erm. 4 €

Faszinierende Exponate aus Nordamerika, Afrika, Asien, der Südsee und Neuseeland zeigen Hamburgs Orientierung auf die weite Welt. Seit 1915 werden die Objekte im Jugendstilgebäude ausgestellt, heute zählt das Haus zu den größten ethnografischen Sammlungen Europas. In kritischer Neubewertung werden die Bestände jetzt auch vor dem Hintergrund der Kolonial- und Handelsgeschichte neu beurteilt und eingeordnet.

42 Pöseldorf

Schickes Wohnviertel der Reichen und Schönen mit toller Alsteraussicht

- U 1 Hallerstraße
- Zwischen Harvestehuder Weg, Alsterchaussee und Mittelweg

Eindrucksvolle Wohnblocks und herrschaftliche Wohnhäuser, dazu viel Grün bestimmen das Stadtbild in Pöseldorf. Für die wohlhabenderen Hamburger, die sich das Wohnen hier leisten können, bieten die Straßen zwischen Mittelweg und Alstervorland viele Läden, Restaurants, Galerien und Boutiquen. Die ehemalige Standortverwaltung der Bundeswehr an der Sophienterrasse wurde zu einem exklusiven Wohnareal umgebaut.

Sehenswert

Krugkoppelbrücke

| Aussichtspunkt |

Die denkmalgeschützte Krugkoppelbrücke mit ihrer schönen Klinkerverblendung und den Terrakottafiguren überspannt am Nordende der Außenalster den Zufluss der Alster zwischen Harvestehude und Winterhude. Von hier und dem westlich anschließenden Straßenzug namens Fernsicht aus fällt der Blick auf die weite Fläche der Außenalster, auf der im Sommer unzählige Segel- und Ruderboote sowie Alsterdampfer unterwegs sind. Das Restaurant-Café Bobby Reich wird bei schönem Wetter zum Publikumsmagneten (Tel. 040/48 78 24, www.bobbyreich.de, tgl. 10–22 Uhr).

Schöne Aussicht

| Aussichtspunkt |

Ein sprechender Name: Von hier genießt man das wohl schönste Panorama mit Hamburgs Kirchtürmen und den wenigen Hochbauten rings um die Alster. Die noble Wohnstraße mit exklusiven Häusern folgt dem östlichen Alsterufer und erlaubt wunderbare Blicke zu allen Seiten – ein Top-Ziel für einen entspannenden Spaziergang.

Events

Japanisches Kirschblütenfest Seit 1968 unterstreicht die japanische Gemeinde jedes Jahr im Mai ihre enge Verbindung zu Hamburg mit dem Kirschblütenfest und einem abschließenden Prachtfeuerwerk ab 22.30 Uhr über der Außenalster. Man erlebt es am besten von einem gemieteten Ruderboot direkt auf dem Wasser oder einem Platz am Alsterufer.

Sport

Bootsverleih Bobby Reich Ausleihe von Ruderbooten, Kanus und Segelbooten. ■ Fernsicht 2, Tel. 040/48 78 24, www.bobbyreich.de

43 Jarrestadt

Architektonisch eindrucksvolles Wohnungsbau-Experiment der 1920er-Jahre

- U 3 Saarlandstraße
- Zwischen Wiesendamm und Jarrestraße

1927–1930 entstand die Jarrestadt: 35 aus dunkelrotem Klinker gebaute, vier- bis sechsgeschossige Wohnblocks mit 1800 Wohnungen, errichtet nach der Idee des »Neuen Bauens«. Die für ihre Entstehungszeit großen und modernen Wohnungen verfügten über Bad, Küche und fließendes Wasser, es gab gemeinsame Waschküchen und Sozialräume. Die Jarrestadt liegt fast symbolisch zwischen damaligen Industriebetrieben und dem Erholungsgebiet des Stadtparks. 1943 schwer bombardiert, wurde das Viertel originalgetreu wieder aufgebaut.

Sehenswert

Kampnagel

| Kulturzentrum |

1874 als Maschinenfabrik Nagel & Kaemp errichtet und bis zum Jahr 1981 industriell genutzt, beherbergt das etwa 3,5 ha große Areal in vier entsprechend ausgestatteten Hallen Spielstätten für Theater und Konzerte und Säle für Ausstellungen, Flohmärkte, Zirkus und Kulturfestivals, darunter das international hoch angesehene Sommer-

Im Blickpunkt

Alsterschwäne

Die Garanten für Hamburgs Wohlstand sind von Frühjahr bis November auf der Alster und den Kanälen der Stadt zu sehen: die Schwäne. Solange die stolzen weißen Vögel auf der Alster ihre Runden drehen, besagt eine alte Legende, werde Hamburg eine freie und wirtschaftlich erfolgreiche Stadt sein. Im Mittelalter war die Schwanenhaltung ein Privileg von Herrscherhäusern – also Grafen, Herzögen, Königen. Hamburgs sehr altes Schwanenwesen unterstrich also bereits sehr früh die Freiheit und Unabhängigkeit der Stadt.
Und so ist es kein Zufall, dass bis zu 160 Schwäne die Alster samt angrenzenden Gewässern bevölkern – sie werden städtischerseits gehegt und gepflegt. Und das seit Jahrhunderten: Eine Mühlenabrechnung von 1591/92 belegt, dass die Stadt schon damals Getreide für die Fütterung der Tiere bezahlte. 1664 stellte der Rat die Vögel unter strengen Schutz. Sie zu töten, zu verletzen oder zu beleidigen ist seither mit Strafe bedroht. Seit 1881 gibt es das offizielle Amt des städtischen Schwanenvaters, der sich hauptberuflich um das Wohlergehen der Tiere kümmert, sie bei Verletzungen oder Krankheiten versorgt und sie im Winterquartier – in einem Areal des Eppendorfer Mühlenteichs mit eisfrei gehaltenem Wasser – betreut (www.alsterschwaene.de).

Die »Trude«, einst Bohrer des neuen Elbtunnels, steht heute im Museum der Arbeit

festival im August. Das Kino **Alabama** ist bei Cineasten sehr beliebt.

■ Jarrestr. 20, www.kampnagel.de, www.alabama-kino.com, Tel. 040/ 28 80 30 70

Museum der Arbeit

| **Museum** |

18 *Schau von der Industrialisierung bis zur modernen Arbeitswelt*

Die Ausstellungen im ehemaligen Gebäude der »New York-Hamburger Gummi-Waaren Compagnie« erzählen vom Wandel der Arbeit, ihrer Sozialgeschichte und der Industriekultur von der Einführung der Dampfmaschine bis zum Computer. Das »ABC der Arbeit« macht anhand einer Vielzahl von Exponaten frühere Arbeitsbedingungen erfahrbar. Originalgetreu erhaltene, noch aktiv nutzbare Werkstätten sowie ein Kontor aus der Zeit um 1900 veranschaulichen die historischen Arbeitsprozesse. Auf dem Hof des Museums ist das Schneidrad der Bohrmaschine der vierten Elbtunnelröhre namens »Trude« ausgestellt.

■ Wiesendamm 3, U 3, S 1, S 11 Barmbek, Tel. 040/428 13 30, www.museum-der-arbeit.de, Mo 10–21, Mi–Fr 10–17, Sa, So 10–18 Uhr, 8,50 €, erm. 5 €

Events

Kinonächte Barmbek Open-Air-Kino auf dem Bert-Kaempfert-Platz ab Sonnenuntergang mit Tonübertragung per Funkkopfhörer. ■ U/S Barmbek, www.kinonaechte-barmbek.de, sechs Wochen im Juni und Juli

44 Stadtpark

Eldorado für Frischluftfans und Sportler, Sonnenanbeter und Hundebesitzer

■ U 3 Borgweg bzw. Saarlandstraße, S 1, S 11 Alte Wöhr

■ www.hamburg.de/stadtpark

Als Hamburg 1902 ein 150 ha großes Jagdrevier kaufte und von 1909–1914 zum Stadtpark umgestalten ließ, ahnte niemand, dass hier einmal ein bei allen

Hamburgern beliebtes Freizeitparadies entstehen würde. Zwischen Freiluftbad und Kinderspielplätzen, Liege- und Bolzwiesen, Rosengärten und Rhododendron-Idyllen erfreuen sich täglich bis zu 200 000 Besucher an der Natur, den vielen verstreut positionierten Kunstwerken, den Cafés und Kiosken oder einfach nur dem Sonnenschein auf grüner Wiese. Auf der Freilichtbühne treten von Juni bis September international bekannte Bands und Interpreten auf. Bootsverleih ist am Café Sommerterrassen am Ostende der Parkanlage möglich.

Sehenswert

Planetarium

| Sternwarte |

19 *Der ideale Startplatz für imaginäre Reisen zu den Sternen*

Der in den Jahren von 1913 bis 1915 im Art-déco-Stil erbaute ehemalige Wasserturm aus roten Klinkern beherbergt seit 1930 das Hamburger Planetarium. Sein technisch raffinierter Projektor »Zeiss IX Universarium« macht das Haus zu einem der modernsten der Welt und ermöglicht spektakuläre Projektionen komplexer Himmelsphänomene und künstlerischer Programme. Besonders beliebt sind musikalisch untermalte Shows, außerdem gibt es Lesungen, Konzerte und eine Aussichtsplattform in 45 m Höhe.

■ Linnering 1, U 3 Borgweg, Tel. 040/428 86 52 10, www.planetarium-hamburg.de, Di 9–17, Mi, Do 9–21, Fr 9–22, Sa 12–22, So, Fei 10–20 Uhr, Preise variieren je nach Programm, ab 11 €, erm. ab 7 €, Aussichtsplattform frei zugänglich

Kinder

Renncenter Hamburg Slot-Car-Autos nach Herzenslust durch die Steilkurven jagen und auf der Strecke zum Spurt ansetzen: Das Renncenter bietet eine riesige Carrera-Bahn und Spaß für Groß und Klein. ■ Überseering 5–7, Tel. 040/511 95 46, www.renncenter-hamburg.de, Mo, Do, Fr 14–19, Sa 11–15 Uhr, 20 Min. 3 €

Im Blickpunkt

Hamburgs Natur pur: der Alsterwanderweg

Eisvögel und Enten, Reiher und Rehe: Auf dem Alsterwanderweg kann man mitten in Hamburg ungewöhnlichen Tieren begegnen. Der Weg beginnt in Fuhlsbüttel am Lokal Ratsmühle (U 1 Fuhlsbüttel, S 1 Kornweg) und mäandert 7,4 km weit immer am Flussufer entlang durch Parks, Wälder und Schluchten bis zum Saseler Damm in Poppenbüttel (S 1 Poppenbüttel). Nur das Geräusch der Straßen verrät, dass man sich in einer Millionenstadt bewegt. Trauerweiden hängen tief über dem Fluss, Frösche geben quakende Konzerte, Bänke laden zu Wanderpausen ein. Unterwegs kommt man an mehreren Cafés vorbei, und nie ist es weit bis hinauf zur Straße, wo Busse wieder Richtung Zentrum fahren. Alternativ kann man dem Fluss auch im Kanu oder Tretboot folgen (Verleih an der Ratsmühle). Wer mag, erwandert sich auch den 16,4 km langen Nordteil von Poppenbüttel nach Kayhude.

Seine kunstvollen Grabdenkmäler machen den Friedhof Ohlsdorf zum Freilichtmuseum

45 Friedhof Ohlsdorf

20 *Größter Parkfriedhof der Welt – Begräbniskultur und Naturoase*

■ S 1, S 11, U 1 Ohlsdorf
■ Haupteingang Fuhlsbüttler Str. 756, Tel. 040/59 38 80, www.friedhof-hamburg.de, April–Okt. tgl. 9–21, Nov.–März 9–18 Uhr, Info-Haus am Fußgängereingang Höhe U/S Ohlsdorf tgl. 11–15 Uhr

Mit 389 ha ist der Ohlsdorfer Friedhof der größte Parkfriedhof der Welt. 17 km Straße erschließen das 3,8 km lange und 2,2 km breite Areal mit 200 000 Grabstätten. Planquadrate erleichtern die Übersicht. Ohlsdorf ist für seine über 600 teils versteckt liegenden Grabmonumente und die zwölf architektonisch unterschiedlichen Kapellen bekannt. Viele Prominente haben hier ihre letzte Ruhestätte, darunter Hans Albers, Wolfgang Borchert, der Reeder Alfred Ballin und der Maler Philipp Otto Runge. Mehrere Buslinien erschließen das Gebiet, es gibt Führungen und Wanderungen. In eigenen Sektoren liegen 37 000 Bombenopfer des Feuersturms von 1943 bzw. Menschen jüdischer Konfession. Mahnmale erinnern an die Opfer des Nationalsozialismus.

Gefällt Ihnen das?

Sie lieben die Natur mitten in der Großstadt und sind gern unterwegs? Dann lassen Sie sich auf keinen Fall den **Elbuferwanderweg** (S. 134) entgehen – er führt am Elbufer entlang der Strände sowie durch Parklandschaften und Wald von Övelgönne bis nach Wedel und bietet spektakuläre Ausblicke auf den Fluss und stille Begegnungen mit der Natur.

Am Abend

Von der Innenstadt bis zum Univiertel finden sich anspruchsvolle Unterhaltungsoptionen – von klassischem Theater über Polit-Kabarett und Varieté bis zu Komödie und einigen Programmkinos. Dazwischen stößt man überall auf kleine Bars und Kneipen, die Treffpunkte ihres jeweiligen Viertels sind und alle kulturellen Schattierungen – von exotischen Clubs bis zu Studentenkneipen – bieten. Gelegenheiten, den Abend mit einem leckeren Cocktail oder einem Glas Wein ausklingen zu lassen, gibt es überall.

Bühne

Alma Hoppe Kleine private Bühne in Eppendorf für politisch-satirisches Kabarett und Auftrittsort aller namhaften deutschsprachigen Comedians. ■ Ludolfstr. 53, Tel. 040/55 56 55 56, www.almahoppe.de

Deutsches SchauSpielHaus Deutschlands größtes Sprechtheater ist eine der bundesweit führenden Bühnen mit sehr breitem Repertoire vom Klassiker bis zum Experimentalstück. ■ Kirchenallee 39, Tel. 040/24 87 13, www.schauspielhaus.de

Ernst Deutsch Theater Im Angebot sind gesellschaftskritische Stücke, Komödien und Klassiker, oft in prominenter Besetzung. ■ Friedrich-Schütter-Platz 1, Tel. 040/22 70 14 20, www.ernst-deutsch-theater.de

Hansa-Theater Das traditionelle Haus bietet im Winterhalbjahr ein klassisches Varieté-Programm mit Artisten, Kabarettisten und Schauspielern, dazu anspruchsvolle Bewirtung. ■ Steindamm 17, Tel. 040/47 11 06 44, www.hansa-theater.de

Kampnagel Bühne für internationales modernes und experimentelles Theater. ■ Jarrestr. 20, Tel. 040/27 09 49 49, www.kampnagel.de

Komödie Winterhuder Fährhaus Privattheater mit breitem Repertoire an Stücken aus dem modernen Unterhaltungssegment, oft mit namhaften Schauspielern besetzt. ■ Hudtwalckerstr. 13, Tel. 040/48 06 80 80, www.komoedie-hamburg.de

Ohnsorg-Theater Traditionelle Bühne für niederdeutsche Stücke vom übersetzten internationalen Klassiker bis zum volkstümlichen Schwank. ■ Heidi-Kabel-Platz 1, Tel. 040/350 80 30, www.ohnsorg.de

Kneipen, Bars und Clubs

Logo In dem legendären Spielort treten internationale Bands aus dem Indie-Spektrum auf. ■ Grindelallee 5, Tel. 040/410 56 58, www.logohamburg.de, tgl. ab 20 Uhr

Mathilde Literatur & Cafe Kaffee und Kuchen, Livemusik, Lesungen und jede Menge Bücher zum Lesen und Mitnehmen. ■ Bogenstr. 5, Tel. 040/41 49 53 84, www.mathilde-hh.de, Mo–Fr 11.30–24, Sa, So 12–24 Uhr

Pony Bar Tagsüber gemütliche Studentenkneipe, abends mit Livemusik und Kulturveranstaltungen. ■ Allendeplatz 1, Tel. 040/428 38 78 95, www.ponybar.de, Mo–Fr ab 9, Sa, So ab 10 Uhr

Roxie Leckere, kreative Bistro-Küche, gekonnte Cocktails, frische Biere und ein großer Sommergarten nebst der idyllischen Terrasse im Hinterhof – eine tolle Adresse im Grindelviertel, die viele Studenten zu schätzen wissen. ■ Rentzelstr. 6, Tel. 040/45 17 70, Mo–Do, So 10–1, Fr, Sa 10–2 Uhr

Kinos

Abaton Pionier der deutschen Programmkinos. ■ Allendeplatz 3, Tel. 040/41 32 03 20, www.abaton.de

Alabama 151 Plätze, besondere Filme und Blockbuster. ■ Jarrestr. 20, Tel. 040/28 80 30 70, www.alabama-kino.com

Übernachten

Klein, aber fein – und immer sehr persönlich, so könnte das Motto der Hotels und Pensionen zwischen St. Georg und Rotherbaum lauten. Von Kettenhotels findet sich keine Spur – das Angebot prägen vielmehr komfortable, solide und charmante Häuser, klein bis mittelgroß, aber immer sehr individuell. Die Lage in klassischen Wohnvierteln sorgt für viel Ruhe und ein Erleben »mittendrin« – und die Gastgeber geben jede Menge Insidertipps.

€

Hotel Amsterdam Sehr gemütliches Hotel im niederländischen Stil nahe Univiertel, Planten un Blomen und Außenalster. ■ Moorweidenstr. 34, Tel. 040/441 11 10, http://hotel-amsterdam.hotelsinhamburg.net/de

Hotel-Pension Fink Liebevoll geführtes Haus mit geschmackvollen Unterkünften in einer Jugendstilvilla. ■ Rothenbaumchaussee 73, Tel. 040/44 05 71, www.hotel-fink.de

YoHo – the young hotel Modern und hell designtes, von einem sehr jungen und engagierten Team geleitetes Hotel nahe des Univiertels. ■ Moorkamp 5, Tel. 040/284 19 10, www.yoho-hamburg.de

ADAC *Das besondere Hotel*

Motel Hamburg Urlaub für Automobilisten wie in den USA der 1960er-Jahre: stilgetreues Motel, authentisch mit Garage unter jedem Zimmer – eine wundervolle Zeitreise mit modernem Komfort und herzlicher Gastlichkeit. *€€ | Hoheluftchaussee 117–119, Tel. 040/420 41 41, www.motel-hamburg.de*

€€

Hotel am Rothenbaum Freundliches City-Hotel im Univiertel mit allem nötigen Komfort. ■ Rothenbaumchaussee 107, Tel. 040/415 37 80, www.hotelamrothenbaum.de

Hotel Mittelweg Komfortables Wohnen in einer attraktiven, stilvoll eingerichteten Villa mitten in Pöseldorf. ■ Mittelweg 59, Tel. 040/414 10 10, www.hotel-mittelweg.de

Hotel Vorbach Familiengeführtes, stilvolles Haus im Univiertel mit behaglichen Zimmern und historischem Charme. ■ Johnsallee 63–67, Tel. 040/44 18 20, www.hotel-vorbach.de

Sehenswertes im Hamburger Umland

Hagenbecks Tierpark und den Ohlsdorfer Friedhof kennen viele – aber auch Wilhelmsburg oder Bergedorf sind einen Besuch wert

Hamburg hat seinen Hafen, Hamburg hat die Alster, Hamburg hat touristische Klassiker – und es hat Überraschungen. Zu den Klassikern gehört zweifellos der Tierpark Hagenbeck. Kein Wunder, hier leben exotische wie auch einheimische Tiere seit mehr als 100 Jahren in einem vorbildlichen System der Haltung ohne Gitter.

In Harburg zeigt Kunstsammler Harald Falckenberg seine einzigartige Kollektion zeitgenössischer Kunst, im Archäologischen Museum sind Schätze aus Hamburgs Vergangenheit spannend aufbereitet. Auch Wilhelmsburg wird immer mehr zur Überraschung – hier werden Zukunftskonzepte in Sachen Bauen, Energieerzeugung und Nachhaltigkeit praktisch ausprobiert.

Gleich nebenan wird Hamburg wild und lieblich – wild sind die naturbelassenen Uferbereiche der Süderelbe mit einzigartigen Biotopen und einer vielfältigen Tier- und Pflanzenwelt. Zwischen Fluss und Stadt erstrecken sich die fruchtbaren Äcker und Felder der Vier- und Marschlande, die Hamburg mit frischem Obst, Gemüse und Blumen versorgen. Nur wenige Kilometer vom Stadtzentrum genießt man hier echtes Landleben mit kleinen Dörfern.

In diesem Kapitel:

ADAC Empfehlungen:

21 **Tierpark Hagenbeck**
| Zoo |
Hier erwarten den Besucher – dank der Haltung ohne Gitter – hautnahe Begegnungen mit exotischen Arten aus aller Herren Länder. 164

22 **Energieberg Georgswerder**
| Energiegewinnung |
Anschauliche Präsentation künftiger Techniken der Energieerzeugung auf einem ehemaligen Müllberg. 165

23 Oldtimer-Tankstelle Brandshof

| Historische Tankstelle |

Automobile Zeitreise in die Vergangenheit – ein Muss für Liebhaber klassischer Fahrzeuge. 166

24 Rieck-Haus

| Museum |

Im historischen Bauernhaus werden Arbeit und Alltag vergangener Zeiten wieder lebendig. 169

25 Raphael Hotel Wälderhaus

| Hotel |

Das Hotel ist ganz dem Wald gewidmet – in Ausstattung und Raumgestaltung plus einem Infozentrum. 172

46 Tierpark Hagenbeck

Mit Giraffe und Gorilla, Gürteltier und Gnu auf du und du

- U 2 Hagenbecks Tierpark
- Lokstedter Grenzstr. 2, Tel. 040/530 03 30, www.hagenbeck.de, Nov.–Feb. 9–16.30, März–Juni, Sept. 9–18, Juli, Aug. 9–19 Uhr, 20 €, Tropen-Aquarium 14 €, Kombiticket 30 €, erm. 10/15/21 €

Seit über 100 Jahren können in der 19 ha großen Parkanlage mehr als 1800 Tierarten bestaunt werden. Hagenbeck ist eine Kombination aus Tierpark und botanischem Garten und zeigt auch viele originelle Gebäude. Hagenbeck begründete die weltweit praktizierte Zootierhaltung ohne Gitter.

In den letzten Jahren wurden viele Abteilungen nach modernen Gesichtspunkten der Tierhaltung neu gestaltet, darunter die Elefantenanlage, die Eiswelt und das Orang-Utan-Haus. Manche Tierarten bewegen sich frei auf dem Gelände. Besondere Attraktion ist das Tropenaquarium mit über 14 000 Lebewesen und Lebensräumen wie Lagune, Korallenriff, Krokodilsee und Hai-Atoll (extra Eintritt, tgl. 9–18 Uhr).

47 Wilhelmsburg

Wohnungsbau, Energie, Soziales – wo Hamburg seine Zukunft ausprobiert

- S 3, S 31 Wilhelmsburg

Auf der Elbinsel Wilhelmsburg vollzieht sich die faszinierende Transformation von einem Industrie- und Arbeiterviertel in ein modernes, kulturell vielgestaltiges Wohnquartier. Zu vielen Migranten und Geringverdienern ziehen jetzt Studenten und junge Familien. Im Rahmen der Internationalen Bauausstellung 2013 (IBA) wurde das Viertel durch spannende Bauten, Freizeiteinrichtungen und Infrastrukturmaßnahmen aufgewertet und bietet eine stark zunehmende Lebensqualität. Historisches Zentrum ist Kirchdorf mit der Kreuzkirche aus dem Jahr 1624. Im Nordteil um die Georg-Wilhelm-Straße blieb der Charakter als Arbeiterquartier lebendig. In Wilhelmsburg Mitte an der Neuenfelder Straße entstanden u.a. die futuristische Umweltbehörde Hamburg und der Inselpark.

Sehenswert

Hafenmuseum Hamburg

| Museum |

Der im Stil einer dreischiffigen Hallenkirche gebaute hölzerne Kaischuppen 50 A versammelt eine Vielzahl von Exponaten aus 100 Jahren Hafengeschichte. Ex-Hafenmitarbeiter erzählen aus der Vergangenheit und führen durch die Sammlung. Auf dem Kai stehen historische Kräne und Großmaschinen.

- Australiastr. 59, S 3, S 31 bis Veddel, dann Bus 256, oder ab St. Pauli-Landungsbrücken/Brücke 10 mit der Maritime Circle Line bis Hafenmuseum, Tel. 040/73 09 11 84, www.hafenmuseum-hamburg.de, April–Okt. Mo, Mi–Fr 10–17, Sa, So 10–18 Uhr, 6,50 €, erm. 4 €

BallinStadt

| Ausstellung |

Sie war eine Zwischenstation für Hunderttausende Menschen auf der Reise ins Glück: In der Auswandererstadt brachte die Reederei HAPAG zwischen 1893 und 1901 ihre Passagiere unter, ehe sie die Schiffsfahrt in eine neue

Einst Startpunkt unzähliger Auswanderer nach Übersee: die rekonstruierte BallinStadt

Zukunft antraten. Drei originalgetreu nachgebaute Hallen lassen als Auswanderermuseum die damaligen Bedingungen lebendig werden und zeigen persönliche Schicksale auf.

■ Veddeler Bogen 2, S 3, S 31 bis Veddel, ab St. Pauli-Landungsbrücken/Brücke 10 mit der Maritime Circle Line bis BallinStadt, Tel. 040/31 97 91 60, www.ballinstadt.de, April–Okt. 10–18, sonst bis 16.30 Uhr, 12,50 €, erm. 7 €

Energieberg Georgswerder

| Energiegewinnung |

22 *Sanierter Müllberg mit Infozentrum zur modernen Energiegewinnung*

Aus der Müllkippe mit giftigen Dioxin-Aussickerungen wurde ein Modell für die Zukunft: Nach der Sanierung bekamen die Hänge Solarkollektoren und ein Windrad, das aufgefangene Deponiegas erzeugt ebenfalls Strom. Von hier werden 4000 Haushalte versorgt. Ein Informationszentrum erläutert die Geschichte des 42 m hohen Berges und die Wirkungsweise der erneuerbaren Energien, der »Horizontweg« erlaubt fantastische Panoramablicke auf Hamburg und Wilhelmsburg.

■ Fiskalische Str. 2, Bus 154 ab S-Bahn Berliner Tor, Wilhelmsburg und Harburg, Tel. 040/25 76 10 80, www.stadtreinigung.hamburg/ueberuns/service/energieberg-georgswerder/index.html, April–Okt. Di–So 10–18 Uhr, Eintritt frei, Führungen Fr 15.30, Sa, So 13.30 und 15.30 Uhr

Energiebunker

| Energiegewinnung |

1943 als Flakbunker gebaut, 70 Jahre später entkernt und zum Vorzeigeprojekt in Sachen erneuerbare Energien verwandelt: Solarkollektoren auf Dach und Wand erzeugen Strom, ein Großwärmespeicher im Inneren macht Energie aus Industriebetrieben für die Versorgung verfügbar. Toller Rundumblick auf Wilhelmsburg vom Dach-Café Vju in 30 m Höhe, zudem gibt es eine Ausstellung zur Historie des Bunkers.

■ Neuhöfer Str. 7, Tel. 0176/57 10 37 89, www..iba-hamburg.de/projekte/energie bunker/projekt/energiebunker.html, Fr 12–18, Sa, So 10–18 Uhr

Heukenlock

| Flusslandschaft |

Das Schutzgebiet am Nordufer der Süderelbe umfasst ein Süßwasserwatt und einen der letzten Tideauenwälder Europas. Ein Wanderweg erschließt das 3 km lange Refugium vieler sonst verschwundener regionaltypischer Pflanzen, die teils 300 bis 400 Jahre alt sind. Achtung, die ufernahen Gebiete werden bei Hochwasser täglich überflutet!

■ S 3 Harburg, Bus 149 bis Haltestelle Neuland

Inselpark

| Park |

Zur Internationalen Gartenschau 2013 bekam Wilhelmsburg den Inselpark – ein wunderbares weitläufiges Freizeitzentrum mit vielen Gartenanlagen, Sporteinrichtungen wie Schwimmbad, Hochseilgarten, Kletterhalle und Skatepark (teils kostenpflichtig) sowie fünf Spielplätzen. Im Wälderhaus präsentiert das Science Center Wald über zwei Etagen an rund 80 Erkundungs- und Mikroskopiestationen die Vielfalt des Waldes und Nachhaltigkeitsaspekte (Di–So 10–17 Uhr, 6 €, erm. 4,30 €).

■ http://inselpark.hamburg

Oldtimer-Tankstelle Brandshof

| Historische Tankstelle |

23 *Die Tankstelle ist eine Institution für Freunde der 1950er-Jahre*

Eine Zeitreise für Automobilisten: Die unverändert erhaltene Tankstelle von 1953 ist Treff aller Freunde alter Fahrzeuge. Häufig treffen sich Besitzer bestimmter Modelle. Hungrige finden eine Verpflegung mit Tagesgerichten, Wurst, Frikadelle, Kaffee und Kuchen im originalen Erfrischungsraum. Frühstück ab 4, Mittagstisch 12–15 Uhr.

Beliebter Treff für in die Jahre gekommene Vehikel: die Oldtimer-Tankstelle Brandshof

■ Billhorner Röhrendamm 4, S 3, S 31 Hammerbrook, Tel. 040/78 25 64, www.tankstelle-brandshof.de, Mo–Fr 4–18, Sa, So 11–17 Uhr, bei Veranstaltungen länger

Restaurants

€ | Kaffeeklappe Im Stil traditioneller Kantinenlokale der Hafenarbeiter werden leckere vegane und Biogerichte frisch zubereitet. Am Nachmittag gibt es Kuchen. ■ Fährstr. 69, Tel. 040/32 53 62 69, www.kaffeeklappe.hamburg, Mo–Do 8–19, Fr, Sa 9–22, So 9–19 Uhr

€€ | Nach Amerika Deftiges wie Linseneintopf, Labskaus oder Sauerfleisch und ausländische Klassiker, nachmittags Kuchen und Süßes im Speiseraum im Stil von 1910. ■ BallinStadt, Veddeler Bogen 2, www.ballinstadt.de, April–Okt. tgl. 11–17.30, Nov.–März bis 16 Uhr

Kinder

Wiwa-Baggerplatz Einmal so richtig Baggerfahren – große Modelle ab 16, kleine ab zwölf Jahren. ■ Hovestr. 31–33, Tel. 040/89 08 58 19 76 (Mo–Fr), Tel. 0151/58 06 87 81 (Sa, So), www.wiwa-baggerplatz.de, Sa, So 9–16 Uhr, 15 Min. ab 24 bzw. 42 €, Bus 154

Events

48h Wilhelmsburg Zweitägiges Festival mit Bands, Ensembles und Solointerpreten – überwiegend aus Wilhelmsburg. Über 100 Gratiskonzerte finden an zahllosen Spielstätten statt. ■ www.48h-wilhelmsburg.de

Sport

Der **Hochseilgarten HanseRock** bietet fünf Kletterparcours verschiedener Schwierigkeitsgrade. Ab 6 Jahre. ■ Am Inselpark 22, S 3 Wilhelmsburg, Tel. 0521/32 99 20 20, www.hanserock.de, April–Okt. Fr ab 14, Sa, So, Fei 10–19 Uhr, 19. Mai–Aug. tgl., 3 Std. Klettern 22 €, Kinder 18 €, Jugendliche 20 € inkl. Ausrüstung

48 Sammlung Falckenberg

Großartige Schätze eines privaten Sammlers moderner Kunst

■ S 3 Harburg
■ Wilstorfer Str. 71, Tor 2, Tel. 040/32 50 67 62, www.sammlung-falckenberg.de, Führungen Do, Fr 18, Sa 12 und 15, So 12, 15 und 17 Uhr, nur nach Anmeldung über die Website, 15 €, erm. 12 €

Seit mehr als 20 Jahren sammelt der Hamburger Unternehmer Harald Falckenberg zeitgenössische Kunst. Seine exquisite Kollektion von 2000 Werken und Installationen deutscher und amerikanischer Künstler wird in einer umgebauten Fabrikhalle in immer neuen Zusammenstellungen präsentiert – von John Meese über Mike Kelly bis Daniel Richter und darüber hinaus.

49 Archäologisches Museum Hamburg

Norddeutschlands Vor- und Frühgeschichte als archäologische Erlebniswelt

■ S 31 Harburg Rathaus
■ Museumsplatz 2, Tel. 040/428 71 36 09, www.amh.de, Di–So 10–17 Uhr, 6 €, erm. 4 €

»Entdecken – Erleben – Verstehen«, so lautet das Motto dieser archäologischen Ausstellung für die ganze Familie. Zu sehen sind vielfältige Funde aus dem Hamburger Raum, angefangen von den Gletschern der Eiszeit über Ausgrabungen und Naturphänomene bis hin zur Gegenwart. 1972 legten alle Museen der Hansestadt ihre einschlägigen Exponate und Bestände in diesem Haus zusammen. Mit rund 2,5 Mio. Objekten verfügt das Archäologische Museum damit über eine der größten Sammlungen zur Vor- und Frühgeschichte Norddeutschlands.

Sehenswert

Elektrum

| Museum |

In dem kleinen Museum zur Elektrizität und Technik sind 500 Exponate aus 130 Jahren zu bestaunen – vom Dynamo über skurrile Haushaltsgeräte bis zum Röhrenfernseher.

■ Harburger Schloßstr. 1, Tel. 040/32 50 73 53, www.electrum-hamburg.de, So 10–17 Uhr, 3 €, Kinder bis 13 Jahre frei

Events

Nacht der Lichter Spätsommerliches Spektakel mit illuminierten Gebäuden, Gastronomie, Bühnenprogramm und viel Musik rund um den Harburger Binnenhafen sowie dem Lichterlauf für jedermann in drei Schwierigkeitsgraden.

■ www.citymanagement-harburg.de

50 Bergedorf

Lebenswertes Städtchen mit historischem Ortskern im Südosten

■ S 2, S 21 Bergedorf

Bergedorf ist eine beliebte Schlaf- und Shoppingvorstadt Hamburgs mit kleinstädtischem Charakter in sehr schöner Lage am Rande der fruchtbaren Marschgebiete im Südosten der Hansestadt, deren Geschichte bereits 1162 mit der ersten urkundlichen Erwähnung des Ortes begann. Das Schloss, Fachwerkhäuser, der Stadthafen und viele Kanäle geben dem historischen Ortskern viel Atmosphäre. Mit den Neubausiedlungen Allermöhe und Neu-Allermöhe liegt Bergedorf an der nach Südosten gerichteten Entwicklungsachse, an der entlang Hamburg in den kommenden Jahren weiter ins Umland wachsen wird.

Sehenswert

Bergedorfer Schloss

| Schloss |

Als Museum für Bergedorf und die Vierlande zeigt das einzige auf Hamburger Boden erhaltene vierflügelige Backsteinschloss aus dem 17. Jh. Exponate aus 850 Jahren örtlicher und regionaler Geschichte.

■ Bergedorfer Schloßstr. 4, Tel. 040/428 91 25 09, www.bergedorfer-museumslandschaft.de, Di–So 11–17 Uhr, 5 €, erm. 3,50 €

Hamburger Sternwarte

| Sternwarte |

1912 eröffnet, galt das Ensemble der neobarocken Kuppelbauten seinerzeit als die modernste Sternwarte weltweit und wird bis heute für astronomische Grundlagenforschung genutzt. Führungen erschließen das parkähnliche Gelände und die Gebäude.

■ Besuchereingang August-Bebel-Str. 196, Tel. 040/47 19 31 30, www.sternwarte-hh.de, Mi–Fr 12–14, Sa, So 10–18 Uhr, 8,50 €, erm. 6,50 €, S2, S 21 Bergedorf, Bus 332

Das Bergedorfer Backsteinschloss, erbaut im frühen 17. Jh., dient heute als Museum

51 Vier- und Marschlande

Hamburgs Obst- und Gemüsekorb – perfekt für Radtouren in die Natur

■ Ab Jungfernstieg Rundfahrt mit ATG-Alstertouristik, Busse ab S-Bahnhof Bergedorf

Seit dem 18. Jh. wachsen auf den durch Kanäle entwässerten fruchtbaren Böden südöstlich von Hamburg Obst und Gemüse in hervorragender Qualität. Das sieht man den Bauerngehöften und Dörfern wie Curslack oder Neuengamme an – sie sind häufig reich verziert. Unter nachhaltigen Gesichtspunkten ist die Versorgung der Stadt mit saisonalen Produkten aus der Region also problemlos möglich. Die Gegend lockt bei schönem Wetter mit ihren vielen kleinen Landstraßen zu Radtouren ein, und entlang der Elbe sind zwischen Ochsenwerder, Hove und Zollenspieker vielerorts ausgedehnte Spaziergänge am Rand der Elbauenwälder möglich.

Sehenswert

Rieck-Haus

| Museum |

24 *Arbeit und Leben auf dem Lande zum direkten Nacherleben*

Das stolze Gehöft aus dem 16. Jh., heute ein Freilichtmuseum, gewährt Besuchern faszinierende Einblicke in die Landwirtschaft sowie die bäuerliche Lebensweise und Kultur vergangener Jahrhunderte mit multimedialer Präsentation und praktischer Vorführung.

■ Curslacker Deich 284, Tel. 040/723 12 23, www.bergedorfer-museumsland

Die Vier- und Marschlande werden von zahlreichen Fahrradwegen durchzogen

schaft.de, März–Okt. Di–So 10–17 Uhr, 4 €, erm. 3 €

Dorfkirche St. Nikolai

| Kirche |

Wunderschön und reichhaltig ausgestaltete Dorfkirche, erbaut im 13. Jh. Im frei stehenden Turm hängt eine Glocke von 1487, die ursprünglich aus dem Hamburger Mariendom stammt. ■ Kirchenstegel 11, Altengamme, www.kirche-altengamme.de, Sommer 9–18, Winter 9–16 Uhr

KZ-Gedenkstätte Neuengamme

| Gedenkstätte |

Mehr als 100 000 Häftlinge durchliefen zwischen 1938 und 1945 dieses Konzentrationslager, etwa 50 000 fanden hier den Tod. Die Gedenkstätte ehrt die Opfer, beschreibt an authentischen Orten deren qualvolle Arbeit im Ziegelwerk und anderen Fabrikbetrieben und dokumentiert das System der über 80 Außenlager. ■ Jean-Dolidier-Weg 75, S 2, S 21 Bergedorf, Bus 227 oder 327, Tel. 040/428 13 15 00, www.kz-gedenkstaette-neuengamme.de, Mo–Fr 9–16, Sa, So 12–17 Uhr, Eintritt frei

Restaurants

€€ | Grubes Fischerhütte Auf fangfrischen Fisch spezialisiertes rustikal-maritimes Ausflugslokal südlich der Elbe, im Frühjahr für seinen Stint bekannt. ■ Hoopter Elbdeich 32, von März–Nov. mit der Fähre ab Zollenspieker erreichbar, sonst Bus 148 ab Bahnhof Harburg, Tel. 041 71/60 18 50, www.grubes-fischerhuette.de, Di–So ab 11 Uhr

€€ | Zollenspieker Fährhaus Traditionshaus von 1621 mit ambitionierter Regionalküche, Vierländer Stube und Biergarten am südlichsten Punkt Hamburgs. ■ Zollenspieker Hauptdeich 141, Tel. 040/793 13 30, www.zollenspieker-faehrhaus.de, tgl. 12–16, 17–22, Sa, So bis 21 Uhr, Bar tgl. 18–1 Uhr

Am Abend

Wilhelmsburg mausert sich – auch kulturell. Wo es früher allenfalls Eckkneipen gab, entstehen Bars und Clubs für zuwandernde jüngere und multikulturellere Zielgruppen. Ein neuer Lebensstil prägt das Freizeit- und Kulturangebot des Stadtteils – zumindest langsam. Das auszuprobieren und mitzuerleben ist auf Hamburgs großer Elbinsel sehr spannend. Und wer sich auf Neues einlassen mag, kann auch in Harburg und Bergedorf ungewöhnliche Bars und Clubs kennenlernen.

Konzert

Honigfabrik Im Wilhelmsburger Kulturzentrum spielen lokale und namhafte Interpreten. Musikprogramme von Funky Friday über Irish Folk Night bis zu Acoustic Jam Session im Café Pause. ■ Industriestr. 125–131, Tel. 040/421 03 90, https://jim.honigfabrik.de

Kneipen, Bars und Clubs

B7 Billardtische und der Bartresen locken Nachtschwärmer nach Harburg – Cocktails und Sours lohnen den Besuch. ■ Wilstorfer Str. 48, Tel. 040/71 66 33 24, www.b7hamburg.de, So–Do 14–1, Fr, Sa 14–3 Uhr

Belami Bar, Billard und Biergarten – der richtige Platz in Bergedorf für einen entspannten Abend bei Cocktails, Longdrinks, Livemusik und Bühnenprogramm zum Mitmachen. ■ Holtenklinkerstr. 26, Tel. 040/72 69 91 73, www.belami-hamburg.de, Di–Do 18–24, Fr, Sa 18–1, So 10–14.30 Uhr

Biergarten »Zum Anleger« Kaffeeterrasse, Bootsverleih, Restaurant, Biergarten und Bar in Wilhelmsburg – perfekt, um bis tief in die Nacht hinein zu chillen. ■ Vogelhüttendeich 123, Tel. 040/86 68 77 81, www.zum-anleger.de, Mo–Fr 11.30–22, Sa, So 10–23 Uhr

Brazil Lounge Brasilianische Bar mit zahlreichen Cocktails, erlesenem Rum, temperamentvoller Musik und relaxter Stimmung. ■ Im Panthera Rodizio, Lämmertwiete 5–7, Tel. 040/765 07 75, www.panthera-rodizio.de, Di–Do, So 18–23, Fr, Sa 18–4 Uhr

Bunthaus Brauerei Elf originelle Craft-Biere werden hier in Wilhelmsburg gebraut, im Schankraum im Inselpark kann man sie alle verkosten. ■ Kurdamm 24, Tel. 040/22 86 48 49, www.bunthaus.beer, Do, Fr 18–24 Uhr

Deichdiele Café und Bar mit Studentenkneipen-Ambiente, für die Unterhaltung sorgen Livemusik und DJs. ■ Veringstr. 156, Tel. 040/65 86 45 14, Mo–Fr 11–2, Sa, So 9–2 Uhr

Pakalolo Kleine Bar in »Willytown«, mit karibisch-exotischem Flair, neben Cocktails und Fruchtbier werden auch eine Reihe weiterer Getränke serviert. ■ Fährstr. 62, Tel. 040/30 77 70 66, Mi, Do, Sa 19–2 Uhr

Kinos

Hansa-Filmstudio Bergedorf Engagiertes Filmtheater mit drei kleinen Sälen. Breites Programm vom Blockbuster bis zu ausgefallenen Streifen. ■ Alte Holstenstr. 17/19, Tel. 040/724 83 35, www.bergedorf-kino.de

Insel-Lichtspiele Wilhelmsburg Mobiles Filmtheater: Open-Air-Kino an spektakulären Orten im Raum Süderelbe – leider nur im Sommer. ■ Filme und Vorführungsorte: Tel. 0177/807 08 24, https://insellichtspiel.wordpress.com

Übernachten

Im Hamburger Umland lassen sich individuelle, teils historische, teils sehr familiäre Unterkünfte finden – ob Übernachtung in einem Fass, im Baumhaus oder im traditionellen Fährhaus, der Fantasie sind kaum Grenzen gesetzt. Auch große Häuser wie das Wälderhaus und das Hagenbeck-Themenhotel setzen ganz auf ein ungewöhnliches Ambiente.

€

Fasshotel Drei urige, gemütlich eingerichtete Fässer für je zwei Personen und ein Fass als Sanitärhäuschen – fertig ist die absolut ungewöhnliche (jedoch beheizbare!) Unterkunft. ■ Restaurant Wein- und Friesenstube, Ochsenwerder Kirchendeich 10, Tel. 040/737 41 98, www.wein-und-friesenstube.de/uebernachten

Hotel Sachsentor Am Rand der Altstadt von Bergedorf zwischen Schloss und Park gelegenes gutbürgerliches Haus, helle und leise Zimmer, Tiefgarage – ein guter Ausgangspunkt für die Hamburg-Erkundung. ■ Bergedorfer Schloßstr. 10, Tel. 040/72 69 67 10, http://home.hotelsachsentor.de

€€

Forsthaus Bergedorf Kleines, komfortables und ruhiges Familienhotel im Bergedorfer Gehölz, umgeben von zahlreichen Wanderwegen. ■ Reinbeker Weg 77, Tel. 040/725 88 90, www.forsthaus-bergedorf.de

25 **Raphael Hotel Wälderhaus** Ökologisch ausgerichtetes, komfortables und hochmodernes Drei-Sterne-Superior-Haus am Rand des Inselparks auf der Elbinsel Wilhelmsburg mit angeschlossenem Science-Center Wald. ■ Am Inselpark 19, Tel. 040/302 15 61 00, www.raphaelhotelwaelderhaus.de

Zollenspieker Fährhaus Am südlichsten Punkt Hamburgs in der Elblandschaft direkt am Fluss gelegenes Traditionshaus aus dem Jahr 1621 mit modernem, komfortablem Hotelanbau. ■ Zollenspieker Hauptdeich 141, Tel. 040/793 13 30, www.zollenspieker-faehrhaus.de

€€€

Die Inselpension Übernachtung im Baumhaus, auf der Hafenfähre »Stadersand«, im Ladenlokal, auf dem Kinderbauernhof oder in einem Künstlerhaus. ■ Tel. 01 63/243 49 10, www.die-inselpension.de

Lindner Park-Hotel Hagenbeck Das komfortable Themen-Familienhotel mit viel afrikanischer bzw. asiatisch-orientalischer Dekoration in sämtlichen Zimmern und Suiten befindet sich direkt neben dem beliebten Zoo. ■ Hagenbeckstr. 150, Tel. 040/800 80 81 00, www.lindner.de/hamburg-park-hotel-hagenbeck

ADAC *Service Hamburg*

Beim **ADAC Infoservice**, in den **ADAC Geschäftsstellen** sowie auf dem **Internetportal des ADAC** (adac.de) erhalten Sie Informationen zu den Dienstleistungen des Automobilclubs und zu Ihrem Reiseziel. Als **ADAC Mitglied** können Sie zudem das kostenlose **ADAC TourSet® Hamburg** mit vielen Reiseinfos und Karten anfordern oder die **TourSet App** auf dem **Smartphone** oder **Tablet-PC** installieren (adac.de/toursetapp).
Rufen Sie bei Notfällen und Pannen den **ADAC Notruf** bzw. den **ADAC Auslandsnotruf** an. Unser Team steht Ihnen rund um die Uhr zur Verfügung.

ADAC Infoservice

Tel. 0 800/510 11 12
Infos zu allen ADAC Leistungen
(Mo–Sa 8–20 Uhr, gebührenfrei)

ADAC Notruf Deutschland

Tel. 0 180/222 22 22
(24 Std., ca. 6 ct/Anruf, max. 42 ct/Min. aus deutschem Mobilfunknetz)

ADAC Notruf Mobil-Kurzwahl

Tel. 22 22 22
(Gebühren variieren je nach Netzbetreiber)

ADAC Auslandsnotruf

Tel. +49/89/22 22 22
(Gebühren variieren je nach Netzbetreiber und Land)

Internet-Serviceangebote des ADAC für Ihre Reiseplanung

Service	**Webadresse**
Aktuelle Verkehrslage	adac.de/verkehr
ADAC Routenplaner	adac.de/maps
Infos zu Tankstellen und Spritpreisen	adac.de/tanken
Infos zu mautpflichtigen Strecken	adac.de/maut
Infos zu Fährverbindungen	adac.de/faehren
ADAC TourMail (Aktuelle Infos vor Anreise)	adac.de/tourmail
Informationen für Camper	adac.de/camping
Informationen für Motorradfahrer	adac.de/motorrad
Informationen für Segler und Skipper	adac.de/sportschifffahrt
ADAC Reiseangebote	adacreisen.de
ADAC Autovermietung	adac.de/autovermietung
ADAC Mitfahrclub (offen für alle)	adac.de/mitfahrclub
ADAC Versicherungen für den Urlaub	adac.de/versicherungen
Weltweite Preisvorteile für ADAC Mitglieder	adac.de/vorteile-international

Diese **Produkte des ADAC** könnten Sie interessieren: **ADAC Reiseführer Mecklenburg-Vorpommern, ADAC Reiseführer Niederlande** und **ADAC Reiseführer Dänemark** – erhältlich im Buchhandel, bei den ADAC Geschäftsstellen und in unserem ADAC Online-Shop (adac.de/shop).

Anreise und Einreise

Auto

Vom Süden führen die **Autobahnen** A1 (aus Richtung Bremen) und A7 (aus Richtung Hannover) nach Hamburg. Vom Norden gelangt man über die A7 (Kiel) und A1 (Lübeck) in die Hansestadt. Die Anfahrt aus Richtung Osten erfolgt über die A24 von Berlin. Die Elbe kreuzen die Autobahnen über die Elbbrücken und durch den Elbtunnel.

Bahn

Hamburg besitzt vier **Fernbahnhöfe**: den Hauptbahnhof und Dammtor östlich und westlich der Alster sowie Altona im Westen und Hamburg-Harburg südlich der Elbe. Zu fast allen deutschen Großstädten gibt es von und nach Hamburg Direktverbindungen.

Flughafen

Der internationale Flughafen **Hamburg Airport Helmut Schmidt** liegt im nördlichen Stadtteil Fuhlsbüttel (dem einstigen Namensgeber) und ist rund 9 km von der Innenstadt entfernt. Die S-Bahn-Linie 1 hält direkt am Flughafen, eine Fahrkarte in den Stadtbereich kostet 3,20 €. Für eine Taxifahrt vom Flughafen in die Innenstadt sollte man ungefähr 30 € veranschlagen.

Fernbus

Fernbusse fahren den **Zentralen Omnibus-Bahnhof (ZOB)** direkt neben dem Hauptbahnhof an. Es gibt Verbindungen in viele deutsche und europäische Großstädte.

Kreuzfahrtschiffe

Es gibt drei Kreuzfahrtterminals im Hamburger Hafen – in Altona, Steinwerder und der HafenCity.

Einreise

Österreicher können sich als EU-Bürger ohne Grenzkontrollen im Schengen-Raum bewegen. Sie müssen sich aber ausweisen können. Schweizer Bürger benötigen für die Einreise nach Deutschland einen Personalausweis oder Reisepass.

Auto und Straßenverkehr

Es gibt in Hamburg keine Beschränkungen für den Autoverkehr durch **Umweltplaketten**. Gesetzliche Änderungen, um Umweltvorgaben zu erfüllen, sind in Vorbereitung (auf aktuelle Änderungen achten). Anwohnerparken gilt in fünf Zonen rund um die Neustadt und in einer Zone am Flughafen. Im gesamten Stadtgebiet sind freie **Parkplätze** rar. 26 Parkhäuser mit 10 000 Stellplätzen liegen v.a. rund um und in der City, die aktuelle Auslastung lässt sich auf www.hamburg.de/parken überprüfen. Ein dynamisches Parkleitsystem weist über 250 minütlich aktualisierte Schilder auf freie Kapazitäten in den Bereichen Mönckebergstraße, Jungfernstieg und Hafen/Michel hin. Die Parkplatz-App Parkopedia zeigt ebenfalls freie Stellplätze an.
Gebührenpflichtiges Parken gilt von 8 bis 20 Uhr. An Parkscheinautomaten kann mit Münzen oder per App bezahlt werden. Voraussetzung für die Handy-Bezahlung ist die Anmeldung bei einem der Anbieter Easypark oder Parknow (www.smartparking.de).
Die Kosten dieser Dienstleister variieren, die Parkgebühren hängen von der Gebührenzone ab: Zone I – 1 Cent/18 Sek. (= 2 €/Std.), Zone II – 1 Cent/36 Sek. (= 1 €/Std.), Zone III – 1 Cent/72 Sek. (= 0,50 €/Std.) bei sekundengenauer Abrechnung. Bei Münzzahlung: Zone I –

3 €/Std., Zone II – 2 €/Std., Zone III – 1 €/Std. Die Mindestparkzeit beträgt zwischen 6 und 12 Min. (www.hamburg.de/lbv-parken). Achtung, es wird sehr intensiv kontrolliert!
Das Netz an Ladestationen für elektrisch betriebene Autos wird seit 2014 im gesamten Stadtgebiet ausgebaut.
Bei einem Unfall sollten Sie die Polizei verständigen (Notruf: 112). Die Notrufzentrale des ADAC erreichen Sie unter Tel. 0180/222 22 22 (mobil: 22 22 22).

Barrierefreies Reisen

Die Fernbahnhöfe sind alle mit rollstuhlgerechten Fahrstühlen ausgestattet bzw. ebenerdig (Altona). Allerdings sind die Aufzüge während der Stoßzeiten häufig stark frequentiert, Wartezeiten müssen also eingeplant werden. Noch nicht alle Haltestellen der Hamburger U- und S-Bahnen sind barrierefrei. Aktuelle Infos unter www.hvv.de/service/mobilitaet-fuer-alle oder Tel. 040/194 49.
Weitere Informationen – etwa über barrierefreie Theater, Museen und Restaurants – findet man auf www.hamburg.de/hamburg-barrierefrei sowie http://barrierefreieshamburg.de.

Feiertage

1. Januar, Karfreitag, Ostermontag, 1. Mai, Christi Himmelfahrt, Pfingstmontag, 3. Oktober, erster und zweiter Weihnachtsfeiertag.

Fundbüro

Fundsachen werden an verschiedenen Stellen gesammelt und erfasst. Da die Menge an Fundsachen in einer Millionenstadt recht groß ist, kann es sein, dass Betroffene mehrere Wochen auf eine Auskunft warten müssen.

- Zentrales Fundbüro (auch U-Bahn und Busse des HVV), Bezirksamt Altona, Bahrenfelder Str. 254–260, Tel. 040/428 11 35 01, zentrales-fundbuero@altona.hamburg.de, Mo 7–16, Di 7–13, Do 8.30–13, 14–18 Uhr
- Fundstelle der Deutschen Bahn AG (auch Hamburger S-Bahn), Gepäckcenter in der Wandelhalle im Hauptbahnhof, Hachmannplatz 10, Tel. 0900/199 05 99, tgl. 8–20 Uhr

Geld und Währung

Es gibt über 600 Bankfilialen im Hamburger Stadtgebiet, viele mit rund um die Uhr zugänglichen Geldautomaten. Wechselstuben finden Reisende u.a. am Flughafen, den Fernbahnhöfen und auf der Reeperbahn.
Nahezu alle Geschäfte, Hotels und Restaurants bieten Kunden die Zahlung mit EC- und Kreditkarten an.

Kosten im Urlaub

(durchschnittliches Preisniveau)

Tasse Kaffee	2,50 €
Softdrink (Limonade)	2,80 €
Glas Bier (0,4 l)	3,80 €
Glas Wein (0,2 l)	3,50 €
Hauptgericht (Restaurant)	15 €
Eintritt staatl. Museum	10 €
Mietwagen/Tag	ab 40 €
ÖPNV (Einzelfahrt)	3 €

Gesundheit

Über Hamburg verteilen sich mehr als 400 **Apotheken**, darunter einige, die bis spät abends geöffnet haben. Auskunft über den Apothekennotdienst gibt es unter www.aponet.de/service/notdienstapotheke-finden.html.

Zahnärztlicher Notdienst

■ www.zahnaerzte-hh.de/notdienst.html, Tel. 018 05/05 05 18

Ärztlicher Notfalldienst der KV Hamburg

■ Tel. 040/22 80 22 oder 11 61 17

Zu Notaufnahmen der Krankenhäuser und Notfallpraxen siehe Notfall (S. 180).

Haustiere

Für Hunde gilt Leinenzwang, sofern die Besitzer keine Befreiung haben. In öffentlichen Parks gibt es mehr als 100 Auslaufzonen zum Toben (www.hamburg.de/hundeauslaufzonen). Der Leinenzwang wird aber nur sporadisch kontrolliert. Hunde sind in zahlreichen Hotels und Restaurants willkommen (vorher anfragen!).

Information

Die **Hamburg Tourismus GmbH** (HHT) bietet Informationen und Service für Hamburg-Besucher. Sie vermittelt Unterkünfte und Reisepakete und verkauft Tickets für Führungen und Veranstaltungen sowie die Hamburg CARD (siehe Vergünstigungen, S. 182). Auf der Internet-Seite www.hamburg-tourism.de sind umfangreiche Informationen über die Hansestadt und aktuelle Veranstaltungstipps zu finden. Auch Buchungen sind online möglich. Für Infos und Reservierungen können Sie ebenfalls die telefonische Hotline nutzen (Tel. 040/30 05 17 01, Mo–Sa 9–19 Uhr).

Das Westportal des Hamburger Hauptbahnhofs entstand im Jahr 1906

Hamburg Information am Hauptbahnhof

■ U/S-Bahn Hauptbahnhof, Hauptausgang Kirchenallee, Mo–Sa 9–19, So, Fei 10–18, 24. Dez. 10–16, 1. Jan. 11–18 Uhr

Tourist Information am Hafen

■ St. Pauli-Landungsbrücken zwischen Brücke 4 und 5, So–Mi 9–18, Do–Sa 9–19, 24. Dez. 9–14, 26. und 31. Dez. 10–18 Uhr, 25. Dez. und 1. Jan. geschl.

Tourist Information Airport Office

■ Flughafen Fuhlsbüttel/Airport Plaza (zw. Terminal 1 und 2), tgl. 6.30–23 Uhr

Die kostenlose **Hamburg App** von Hamburg Tourismus (für Android und iOS) bietet Audioguides, Thementouren, einen Schiffsfinder und eine Karte mit Sehenswürdigkeiten.

Festivals und Events

März und April

Frühlingsdom Jahrmarkt auf dem Heiligengeistfeld (www.hamburg.de/dom).

Mai

Hafengeburtstag Viertägiges Volksfest Anfang Mai mit Buden, Schiffsparaden, Konzerten und Feuerwerk (www.hafengeburtstag.de).

Mai und Juni

Elbjazz Zweitägiges Musikfestival, bei dem auf Bühnen am Hafen und in der HafenCity internationale Stars auftreten (www.elbjazz.de).

Juni

Hamburg Harley Days Motorradtreffen auf dem Großmarktgelände (www.hamburgharleydays.de).

Schiffsparade zum Hafengeburtstag

Juni und Juli

Duckstein Festival Mehrtägiges Fest für Kunst, Kultur und Kulinarisches (www.duckstein.de/festival-events/hamburg-hafencity).

Hamburg Triathlon Der weltgrößte Triathlonwettbewerb lockt Zehntausende Sportler an (http://hamburg.triathlon.org).

Hamburger Ballett-Tage Traditionelles Ballettfestival mit Inszenierungen von John Neumeier (www.hamburgballett.de).

Juli und August

Sommerdom Jahrmarkt auf dem Heiligengeistfeld.

Dockville Festival Alternatives Musik- und Kunstfestival in Wilhelmsburg (www.msdockville.de).

Hamburg Pride Lesbisch-schwules Straßenfest mit Parade zum Christopher Street Day (www.hamburg-pride.de).

August und September

Schlagermove Umzug mit fantasievollen Musik-Trucks und schrill verkleideten Schlagerfans (www.schlagermove.de).

September und Oktober

Filmfest Hamburg Internationales Filmfestival für Spiel- und Dokumentarfilme (www.filmfesthamburg.de).

Reeperbahn-Festival Viertägiges Rockmusikfestival mit Hunderten von Auftritten an über 70 Spielorten im Stadtteil St. Pauli (www.reeperbahnfestival.com).

November und Dezember

Winterdom Jahrmarkt auf dem Heiligengeistfeld.

Klima und beste Reisezeit

Das Hamburger Wetter ist von der Nähe zu Nord- und Ostsee geprägt. Es ist das gesamte Jahr über mild, aber häufig regnerisch und windig – das Hamburger Schmuddelwetter ist sprichwörtlich. An durchschnittlich 52 Tagen im Jahr herrscht Nebel. Die besten Reisezeiten sind Frühjahr und Sommer.

Klimatabelle Hamburg

Monat	Luft (°C) (min./ max.)	Sonne (h/Tag)	Regen-tage
Jan.	-1/4	1	12
Feb.	-1/4	2	9
März	1/8	3	11
April	3/12	5	9
Mai	7/18	7	10
Juni	11/20	7	11
Juli	13/22	7	11
Aug.	13/22	7	10
Sept.	10/18	5	11
Okt.	6/13	3	11
Nov.	2/8	2	12
Dez.	0/5	1	12

Kultur und Tickets

Hamburg gilt als Musical-Hauptstadt. Doch auch Theater, Opern- und Konzerthäuser sowie Musikclubs bieten abwechslungsreiche Programme. Karten für Konzerte und Veranstaltungen in der Elbphilharmonie sind besonders begehrt, die Spielzeiten meist innerhalb kurzer Zeit ausverkauft. Karten für Konzerte, Theater und Sportveranstaltungen erhält man online bei den großen Ticketportalen bzw. über die Webseiten der Veranstalter.

Konzertkassen

■ Ticketshop im Dammtorbahnhof, Tel. 040/41 30 99 94, www.funke-ticket.de, Mo–Fr 8–19.45, Sa 10–16 Uhr

■ Ticket-Center, Wandelhalle Hauptbahnhof, Tel. 040/30 38 27 58, www.funke-ticket.de, Mo–Mi 8–20.30, Do, Fr 8–21.30, Sa, So 10–20.30 Uhr

■ Theaterkasse Emil Schumacher, Kleine Johannisstr. 4, Tel. 040/34 30 44, www.tk-schumacher.de, Mo–Fr 10–18, Sa 10–13 Uhr

Medien/Stadtmedien

Die beiden traditionellen **Stadtmagazine** »Szene Hamburg« und »Oxmox« erscheinen monatlich, ergänzt durch regelmäßig aktualisierte Online-Auftritte: http://szene-hamburg.com und www.oxmox.media. Die **Tageszeitungen** »Hamburger Abendblatt« und »Hamburger Morgenpost« stellen täglich Veranstaltungstipps zusammen – auch online auf www.abendblatt.de bzw. www.mopo.de.

Nachtleben

Die weltberühmte **Reeperbahn** und die umliegenden Straßen bieten weit mehr als nur Rotlichtmilieu. Erstklassige DJs legen in den Clubs auf, internationale Bands spielen, die Bars und Kneipen reichen von bodenständig bis exklusiv. Weitere Straßen mit einem regen Nachtleben sind das Schulterblatt im Schanzenviertel, die Marktstraße im Karolinenviertel und die Lange Reihe in St. Georg, wo sich nicht nur die Gay Community zu Hause fühlt. Auch in der HafenCity finden sich außer der Elbphilharmonie einige Bars und Clubs, ein natürlich gewachsenes Ausgehviertel ist sie aber noch nicht.

Notfall

Zuerst immer die Notrufnummer 112 wählen. In 22 Hamburger Krankenhäusern gibt es Notaufnahmen (www.hamburg.de/krankenhausverzeichnis/2832754/notfallversorgung).

Die **Notfallpraxis Altona** in der Stresemannstr. 54 ist zu folgenden Zeiten geöffnet: Mo, Di, Do, Fr 19–24, Mi 13–24, Sa, So, Fei 7–24 Uhr.

Die **Notrufnummer des ADAC** bei Erkrankungen und Verletzungen lautet 089/767676.

Öffnungszeiten

In Hamburg sind die Ladenschlusszeiten montags bis freitags freigegeben, in den meisten Einkaufsstraßen und -zentren haben die Geschäfte zwischen 10 und 20 Uhr geöffnet, zahlreiche Supermärkte länger. Am Samstag schwanken die Öffnungszeiten, viele kleinere Läden schließen ab 14 bis 16 Uhr, Kaufhäuser und größere Filialen ab 20 bzw. 21 Uhr. Verlängerte Öffnungszeiten am Sonntag bieten Geschäfte an den Bahnhöfen, am Flughafen sowie an der Reeperbahn.

Parks

Grüne Stadt: Quer durch Hamburg sind über 100 Parkanlagen verschiedener Größe verteilt. Außer den Klassikern Stadtpark und Planten un Blomen sind sehens- und erlebenswert:

Volkspark: Der Park mit 205 ha Fläche liegt in Altona westlich der Autobahn. Im historischen Südbereich gibt es mehrere Gartenanlagen, die als Gartendenkmal anerkannt sind.

Sternschanzenpark: Über dem 12 ha großen Areal zwischen Schanzenviertel, U-Bahnhof Schlump und dem Fernsehturm thront der alte Wasserturm, heute ein Hotel. Die Grünfläche dient im Winter als Rodelbahn des Schanzenviertels, im Sommer als Grillplatz und Freilichtkino.

Niendorfer Gehege: Kein klassischer Park, sondern ein 142 ha großer Wald mit Wildgehege im Norden des Stadtteils Eimsbüttel.

Öjendorfer Park: Am Ostrand Hamburgs entstand 1968 aus einer Kriegstrümmerdeponie der 140 ha große Park rings um den Öjendorfer See – ein beliebtes Spazier- und Sportrevier.

Hainesch und Kurzer Iland: 71 ha großes Naturschutzgebiet im nördlichen Stadtgebiet mit zerklüfteten Flusstälern und altem Waldbestand.

Naturschutzgebiet Höltigbaum: Urwüchsige Landschaft im Osten der Stadt – das 260 ha große einstige Militärareal hat sich inzwischen wunderbar renaturiert.

Wilhelmsburger Inselpark: Der jüngste Park Hamburgs. Er entstand auf dem Gelände der Internationalen Gartenschau 2013.

Post

Neben Postämtern gibt es ein breites Netz an Kiosken und anderen Geschäften, die auch Brief- und Paketleistungen anbieten. Filialsuche mit Angebotsübersicht und Öffnungszeiten unter www.deutschepost.de.

Postkarten und Standardbriefe nach Österreich und in die Schweiz kosten 90 Cent Porto.

Rauchen und Alkohol

Grundsätzlich ist in Hamburg das Rauchen in öffentlich zugänglichen Gebäuden verboten. In Gaststätten, die kleiner als 75 m² sind und kein Essen anbieten, darf das Rauchen erlaubt werden. Voraussetzung ist eine entsprechende Kennzeichnung und ein Zutrittsverbot für Personen unter 18 Jahren. Größeren Gaststätten ist es gestattet, Raucherräume einzurichten. Sie müssen von den übrigen Räumen allerdings so abgetrennt sein, dass kein Rauch in die Nichtraucherbereiche gelangen kann. In den Ausgehvierteln werden diese Vorschriften teilweise recht lax befolgt.

Auf der Reeperbahn ist das Mitführen von Alkohol nicht gestattet.

Sicherheit

Die Verbrechenszahlen sind in Hamburg rückläufig, aber wie in allen Großstädten ist eine angemessene Vorsicht ratsam. Das gilt besonders für die stark frequentieren Bereiche St. Paulis am Wochenende sowie Veranstaltungen mit großem Publikumsandrang wie dem Hafengeburtstag. Die Reeperbahn wurde bereits 2007 explizit zur waffenfreien Zone erklärt. Außerdem gilt an Wochenenden dort ein Glasflaschenverbot auf den Straßen.

Sport

Schwimmen: Informationen über die 28 städtischen Hallen- und Freibäder findet man unter www.baederland.de, Tel. 040/18 88 90. Die Preismodelle der Bäder sind unterschiedlich. Erwachsene zahlen 3–6 € in Freibädern, 6–9 € in Hallenbädern.

Laufen: Die beliebteste Joggingstrecke ist die Umrundung der Außenalster (7,4 km), die sehr belebt sein kann. Besser auf einen der Parks ausweichen.

Fitness: Einige der Fitnessclubs in Hamburg bieten Tageskarten an, darunter das Meridian Spa mit fünf Standorten (ab 20 €, Tel. 040/658 90, www.meridianspa.de).

Weitere Sportarten: Infos gibt es beim Hamburger Sportbund (HSB), Schäferkampsallee 1, Tel. 040/41 90 80, hsb@hamburger-sportbund.de.

Stadtführungen

Es existiert ein breites Angebot an Rundfahrten und Führungen durch Hamburg. Aufgrund der Lage an der Elbe, am Hafen, den Fleeten und der Alster lässt sich Hamburg wunderbar im Rahmen einer Bootstour erkunden.

Hafenrundfahrten: Die meisten Rundfahrtbarkassen starten von den Landungsbrücken, darunter auch das Traditionsunternehmen Barkassen-Meyer. Bei den St. Pauli-Landungsbrücken, Brücke 2 und 6, Tel. 040/317 73 70, www.barkassen-meyer.de, info@barkassen-meyer.de

Alster-Schifffahrt: Auf den Booten der ATG Alstertouristik kann man das ganze Jahr über Rundfahrten auf der Alster und durch die einmündenden Kanäle unternehmen. Anleger Jungfernstieg, 20354 Hamburg, Tel. 040/357 42 40, www.alstertouristik.de, info@alstertouristik.de

An Land gibt es vielfältige Touren zu unterschiedlichsten Themen.

Zu Fuß: Besonders St. Pauli, die Neustadt und die Speicherstadt, aber auch die HafenCity (www.hafencity.com/de/infocenter/fuehrungen.html) bieten sich für Spaziergänge unter ortskundiger Leitung an. Thematisch ist von humorvoll über historisch bis zu kulinarisch alles vorhanden (www.hamburg.de/stadtfuehrung).

Mit dem Rad: Auf dem Drahtesel durch die Stadt, entlang der Elbe oder ins Umland, z.B. mit Fahrradtour Hamburg, ab 24 € inkl. Radmiete (www.fahrradtour-hamburg.de).

Mit dem Segway: Stehend auf zwei Rädern durch die Stadt rollen. Segway Citytour Hamburg, Am Sandtorpark 8/HafenCity, www.segway-citytour.de, Tel. 040/47113300, post@segway-citytour.de, 64,80 € für 10 km.

Mit dem Bus: Die Tour auf der Stadtrundfahrt-Linie A der Roten Doppeldecker (Tel. 040/7928979, www.die-roten-doppeldecker.de, info@die-roten-doppeldecker.de) kann mit einem Tagesticket zu 17,50 € beliebig oft unterbrochen werden.

Die besondere Tour: Der HafenCity Riverbus ist ein Amphibienfahrzeug, das Bustour mit Bootstour kombiniert. Erwachsene 30 €, Kinder 5–14 Jahre 21 €), Brooktorkai 16/Block V, www.hafencityriverbus.de, Tel. 040/76757500, hamburg@hafencityriverbus.de

Aus der Luft: Der Klassiker ist der Rundflug über der Hansestadt mit der historischen Ju-52. Die Plätze sind begehrt, frühzeitiges Buchen dringend empfohlen. Die Preise reichen von 239 bis 399 €. Deutsche Lufthansa Berlin-Stiftung, Tel. 040/50701717, www.dlbs.de, ju52buchung@dlh.de

Telefon und Internet

Die Telefonvorwahl Hamburgs lautet 040. Ein öffentliches WLAN-Netz der Stadt gibt es in Hamburg nicht. Seit dem Wegfall der Störerhaftung wächst die Zahl der kostenlosen Hotspots von Geschäften und Restaurants aber konstant. Infos: www.hamburg-tourism.de/infos/mobile-angebote/w-lan-hotspots. Die Abdeckung für mobiles Internet durch 3G/UTMS und 4/GLTE ist im gesamten Stadtgebiet sehr gut.

Unterkunft und Hotels

In Hamburg gibt es über 60 000 **Hotelbetten**, die stark nachgefragt sind – die Auslastung liegt bei gut 60 %. Luxushotels wie das »Vier Jahreszeiten« oder das »Atlantik« liegen im Bereich Binnen- und Außenalster. Die großen Hotelketten haben Häuser an den Einfallstraßen, in den Szenevierteln finden sich zahlreiche kleinere Unterkünfte. Derzeit entstehen viele individuelle Angebote in vielen Stadtteilen. Buchung sind über ADAC Reisen (adacreisen.de) möglich.

Im Hamburger Stadtgebiet gibt es drei **Campingplätze**. Über Portale wie Airbnb können Ferienwohnungen und Apartments gemietet werden. Das Angebot hat in den letzten Jahren stark zugenommen. Weitere Infos unter www.hamburg.de/ferienwohnung.

Hamburg hat zwei **Jugendherbergen**: »Auf dem Stintfang« direkt an den Landungsbrücken und »Horner Rennbahn« (415 Betten) östlich der Innenstadt. https://de.hostelbookers.com/hostels/deutschland/hamburg. Eine Reihe von günstigen Hostels findet man südlich des Hauptbahnhofs.

Vergünstigungen

Die **Hamburg CARD** (www.hamburg-tourism.de unter Buchen) vereint einen Fahrschein für den öffentlichen Nahverkehr mit ermäßigtem Eintritt für über 150 Angebote in der Region. Preise: Eine Hamburg-CARD-Einzelkarte für einen Erwachsenen und bis zu drei Kindern (bis 14 Jahre) kostet von 9,90 € (24 Std.) bis zu 41,50 € (5 Tage).

Verkehrsmittel

Fahrrad

Der Radverkehr in Hamburg nimmt seit Jahren zu, die Straßen- und Radwegenetze werden diesen Anforderungen angepasst. Die Radwege rund um die Alster sind gut ausgebaut, aber auch stark frequentiert. Gerade ältere Strecken auf dem Bürgersteig sind häufig sehr schmal und in einem schlechten Zustand. Die in jüngster Zeit auf den Fahrbahnen markierten Radstreifen werden auf den Hauptverkehrsstraßen von Radfahrern nur zögerlich angenommen.

Die roten Fahrräder von **Stadtrad Hamburg** (https://stadtrad.hamburg.de) sind in der ganzen Stadt präsent (2450 Räder an 209 Stationen). Sie gehören zum Leihfahrradsystem der Deutschen Bahn (www.callabike-interaktiv.de). Gebühr für die Anmeldung: 5 €, mit der Hamburg CARD ohne Anmeldegebühr (siehe Vergünstigungen, S. 182). 30 Min. kostenlos, danach 8 ct/Min. (mit Hamburg CARD 6 ct/Min.).

Öffentlicher Nahverkehr

Im Hamburger Verkehrsverbund (HVV, www.hvv.de, Tel. 040/19449) sind Busse, Bahnen und Fähren zusammengeschlossen. Das Tarifgebiet deckt die gesamte Metropolregion ab.

U-/S-Bahnen: Es gibt vier U- und drei S-Bahnlinien, die sich alle am Hauptbahnhof kreuzen. Von Freitag bis Sonntag und vor Feiertagen fahren die Bahnen durchgehend, sonst meist von 4–24 Uhr. Drei Linien der AKN-Bahn bedienen weitere Stationen im nordwestlichen Bereich der Metropolregion. Dazu kommen Regionalbahnen, die Hamburg mit den Städten im Umland verbinden.

Busse: Für Hamburg-Besucher sind besonders die 22 Metrobuslinien mit den Nummern 1 bis 15 und 20 bis 27 von Bedeutung. Sie fahren von den Stadtteilzentren in die City bzw. verkehren zwischen den innerstädtischen Stadtteilzentren. Die Schnell-, Stadt-, Regional- und Eilbusse bedienen vorrangig die Vororte und das Umland. Die Nachtbusse sorgen für Verbindungen zwischen 1 und 5 Uhr.

Schiff: Die Hafenfähren der HADAG können mit HVV-Tickets genutzt werden. Für Hafenrundfahrten sowie die Boote der Alsterlinien sind separate Fahrkarten erforderlich.

Fahrkarten erhält man am Automaten und beim Busfahrer. Wenn Sie über die kostenlose HVV-App (für iOS und Android) Tickets online kaufen, erhalten Sie 3 % Ermäßigung. Für Touristen ist die Hamburg CARD besonders attraktiv (siehe Vergünstigungen, S. 182).

Mietwagen und Carsharing

Im Stadtgebiet können die Angebote von Car2Go, DriveNow und switchhh genutzt werden. Dazu gesellen sich die stationsgebundenen Carsharing-Dienste Flinkster, Greenwheels und Cambio. ADAC-Mitglieder können über die ADAC Autovermietung (adac.de/autovermietung) besonders günstig Wagen buchen. Sehr praktisch ist dabei die ADAC Mietwagen-App (für Android und iOS).

Zollbestimmungen

Reisende aus EU-Ländern wie Österreich dürfen Waren für den privaten Gebrauch abgabenfrei in die Heimat nehmen. Bürger der Schweiz dürfen Waren im Wert von 300 € für den privaten Gebrauch aus der EU ausführen.

Die Geschichte Hamburgs

810 Der Frankenkönig Karl der Große lässt die Hammaburg errichten.

831 Kaiser Ludwig der Fromme gründet das Bistum Hamburg.

1186/87 Graf Adolf III. von Schauenburg lässt eine neue Burg bauen und fördert die Ansiedlung von Kaufleuten.

1189 Am 7. Mai bestätigt Kaiser Friedrich I. Handels- und Stadtprivilegien für Hamburg. Bis heute wird am 7. Mai der Hamburger Hafengeburtstag gefeiert.

1241 Die Hafenstädte Hamburg und Lübeck gründen den Hanse-Bund.

1401 Bei der Seeschlacht vor Helgoland wird der Pirat Klaus Störtebeker von Streitkräften der Hanse gefangen genommen und später hingerichtet.

1558 Die erste deutsche Börse öffnet ihre Pforten in Hamburg.

1712 Die Pest wütet und fordert bis 1714 rund 10 000 Menschenleben der 60 000-Einwohner-Stadt.

1806 Hamburg wird von Napoleons Truppen besetzt. Die »Franzosenzeit« dauert bis 1814.

1815 Während des Wiener Kongresses erhält Hamburg den Status eines souveränen Staats im Deutschen Bund.

1842 Der Große Brand vom 5. bis 8. Mai zerstört große Teile der Altstadt.

1867 Hamburg tritt dem Norddeutschen Bund bei, behält Zollprivilegien, verliert aber weitgehend die staatliche Unabhängigkeit.

1892 In den Gängevierteln grassiert die Cholera. Die eng bebauten Stadtteile werden in der Folge abgerissen.

1913 Hamburgs Einwohnerzahl überschreitet die Millionengrenze.

1919 Die Hamburger Bürgerschaft wird erstmals demokratisch gewählt.

1937 Altona, Wandsbek, Harburg und Wilhelmsburg werden zu Stadtteilen von Hamburg.

1943 Schwere Bombenangriffe zerstören große Bereiche der Stadt.

1949 Hamburg wird zum selbstständigen Bundesland der neu gegründeten Bundesrepublik Deutschland.

1962 Am 16. und 17. Februar überschwemmt eine Sturmflut große Teile des Hamburger Unterelbegebiets. 315 Menschen kommen ums Leben.

1967 Baubeginn des Elbtunnels und Start des Hafenausbaus zum modernen Containerumschlagplatz.

1997 Der Hamburger Senat beschließt den Umbau von größeren Arealen des Hafens zur HafenCity.

2001 Erstmals seit 1946 stellt die CDU in der SPD-Hochburg mit Ole von Beust den Ersten Bürgermeister (bis 2010).

2015 Speicherstadt und Kontorhausviertel werden von der UNESCO zum Weltkulturerbe ernannt.

2017 Nach fast zehnjähriger Bauzeit wird die Elbphilharmonie eröffnet.

Der Große Brand vom Mai 1842 legte 1750 Häuser in Schutt und Asche

Die exotischste Zutat?
Deine Neugier.
G|U
So gut schmeckt die Welt.
Koch Dich einmal um den Globus mit der erfolgreichsten Kochbuchreihe der Welt und aufregenden Ideen für Köstlichkeiten aus aller Herren Länder. Für Dein leckerstes Ich.
VIETNAM
TEX-MEX KÜCHE
TAJINE
Überall, wo es Bücher gibt, und auf GU.de/kuechenratgeber

Register

Bildnachweis
Titel: Elbphilharmonie
Foto: **Alamy Stock Photo:** (Bildagentur-online/Ohde)

Deen van Meer: 34 – **dpa Picture-Alliance:** Christophe Gateau 153 – **gemeinfrei:** 184 – **Getty Images:** 58/59, Lonely Planet Images 10/11; DeAgostini 47; Arcaid Images 136 – **Hotelschiff Großer Michel:** 109 – **Huber Images:** 8.2; Chris Seba 8.1; Gabriele Croppi 48; Günter Gräfenhain 89, 101, 131.3; Reinhard Schmid 94; Christian Bäck 139 – **imago stock & people:** 84, 111.2 – **Jahreszeiten Verlag:** Walter Schmitz 6/7, 7.2, 90/91; Anna Mutter 8.3, 78; Gerald Hänel/GARP 65.1, 97, 106; Isabela Pacini 140 – **laif:** Jörg Modrow 18, 28, 42, 115; Frieder Blickle 21; Ludovic Maisant/hemis.fr 36, 148; Alex Kraus 37; Keystone Pictures USA/eyevine 45; Dirk Eisermann 51.2, 77; Rene Mattes/Hemis.fr 61.3, 65.2; Julia Knop 62.3; Bernd Jonkmanns 71, 102; Stefan Volk 24, 123; Kristoffer Finn 154; Christian Kerber 166 – **look-foto:** Olaf Jainz 51.1, Arnt Haug 93, 120/121, 125; Christian Bäck 131.1; Engel & Gielen 163 – **mauritius images:** Jason Langley/Alamy 19; robertharding/Oliver Wintzen 23; Nora Frei 38; United Archives 39, 46, 159; Chromorange 40; mauritius history 49; imagebroker 60.1, 74; Alamy 60.2; blickwinkel 63.3; Bildagentur Hamburg/Rainer Waldkirch 68; McPHOTO/Christian Ohde 98; imageBROKER/Dirk Renckhoff 112; Alltravel/Alamy 135; imageBROKER/Peter Schickert 147; Chromorange/Christian Ohde 151; Bildagentur-online/Ohde/Alamy 169; Christian Ohde 170; Torsten Krüger 177; Chromorange 178 – **MAUS:** 30 – **Panoptikum:** 29 – **picture alliance:** dpa 192.2 – **Seasons Agency:** Jalag/Körte, Christina 117; GourmetPictureGuide 126, 192.1, Klappe vorn li.; Jalag/Zielske, H. u. D. Guide Klappe vorn re. – **shutterstock.com:** bonchan 22 – **Stage Entertainment GmbH:** 32, 33 – **stock.adobe.com:** powell83 11, 12/13, 14/15, 20; Christian Horz 25; Christian Tobler 50; Guido Miller 56; Marco2811 62.2; oscity 66/67; Starpics 72; Carl-Jürgen Bautsch 81; M. Johannsen 82; Bernd 133; BildPix.de 145.2; nmann77 157 – **Tine Acke:** 35 – **Unterelbe Tourismus e.V.:** 54 – **www.mediaserver.hamburg.de:** 165; Michael Zapf 16/17; Kai-Uwe Gundlach 26; Sven Schwarze 27; MiWuLa/Jan Traupe 31; Thomas Panzau 41; Jörg Modrow 43; Andreas Vallbracht 44; Ralf Brunner 52; H.-J. Harbeck 55

Herausgeber: GRÄFE UND UNZER VERLAG GmbH, Postfach 86 03 66, 81630 München
Leitender Redakteur: Benjamin Happel
Autor: Kay Dohnke
Verlagsredaktion: Nadia Terbrack (verantw.), Larissa Köpp, Gernot Schnedlitz, Silke Tauscher
Redaktion und Satz: Ewald Tange, tangemedia, München
Bildredaktion: Helen Fährmann, Dr. Nafsika Mylona
Schlusskorrektur: Stella Schossow
Reihengestaltung: Independent Medien Design, Horst Moser, München
Kartografie: Kunth Verlag GmbH & Co. KG, München
Herstellung: Mendy Willerich
Druck: Elanders
Bindung: Conzella, Pfarrkirchen

Ansprechpartner für den Anzeigenverkauf:
KV Kommunalverlag GmbH & Co. KG, MediaCenter München, Tel. 089/928 09 60

GRÄFE UND UNZER

Ein Unternehmen der
GANSKE VERLAGSGRUPPE

ISBN 978-3-95689-345-2
1. Auflage 2019

LESERSERVICE
adac@graefe-und-unzer.de
Tel. 00800/72 37 33 33 (gebührenfrei in D, A, CH)
Mo–Do 9–17 Uhr, Fr 9–16 Uhr

Bei Interesse an maßgeschneiderten B2B-Produkten:
gabriella.hoffmann@graefe-und-unzer.de

Unterwegs in Hamburg

Elbuferwanderweg

Per pedes von der Innenstadt nach Wedel: Auf dem Elbuferwanderweg ab Övelgönne entlang des Strandes kann man entschleunigen und einzigartige Hamburg-Eindrücke sammeln: im Norden die Natur, im Süden der Hafen. Hinter Blankenese führt die Route an Polterberg, Tafelberg und Falkenstein entlang – wie auf einer natürlichen Achterbahn mit Ausblicken weit über den Fluss.

■ Details auf S. 134

Die weiße Flotte

Tagsüber schippern sie auf Alster und Kanälen herum, abends gleiten sie durch die Lichterwelt der Hansestadt. Auf Touren mit den Alsterdampfern lässt sich die Stadt aus der Wasserperspektive erleben. Zur Flotte gehören historische Dampfer wie auch solargetriebene Schiffe.

■ Details auf S. 181

Unabhängig auf zwei Rädern

2500 Räder, mehr als 200 Leihstationen überall im Stadtgebiet, niedrige Gebühr: einmal registrieren, überall hinradeln. Das Hamburger Fahrradleihsystem Stadtrad ist auch für Stadtgäste ideal, macht sie mobil und unabhängig. Und es ist ein cleverer Weg, Hamburg zur Fahrradstadt zu machen.

■ https://stadtrad.hamburg.de

Hafenfähren

Fast wie ein Bus auf der Elbe: Mit den HADAG-Hafenfähren kann man die Hansestadt vom Wasser aus erkunden – gemeinsam mit Pendlern und Hafenarbeitern ist man quer über die Elbe unterwegs.

■ www.hamburg.de/faehre